Roman und Persönlichkeitsrecht

Schriften zum Medien-, Urheber- und Wirtschaftsrecht

Herausgegeben von Prof. Dr. Georgios Gounalakis

Band 17

PL ACADEMIC RESEARCH

Christoph Wege

Roman und Persönlichkeitsrecht

Ein partikulardogmatischer Entwurf

PL ACADEMIC RESEARCH

Bibliografische Information der Deutschen Nationalbibliothek
Die Deutsche Nationalbibliothek verzeichnet diese Publikation in der Deutschen Nationalbibliografie; detaillierte bibliografische Daten sind im Internet über http://dnb.d-nb.de abrufbar.

Zugl.: Marburg, Univ., Diss., 2013

Der Fachbereich Rechtswissenschaft der Philipps-Universität Marburg hat diese Arbeit im Jahr 2012 als Dissertation angenommen.

D 4
ISSN 1867-1012
ISBN 978-978-3-631-64190-3 (Print)
E-ISBN 978-3-653-03434-9 (E-Book)
DOI 10.3726/978-3-653-03434-9

PL Academic Research ist ein Imprint der Peter Lang GmbH.

Peter Lang – Frankfurt am Main · Bern · Bruxelles · New York · Oxford · Warszawa · Wien

www.peterlang.de

Vorwort

Die vorliegende Arbeit wurde im Wintersemester 2012 von der Juristischen Fakultät der Philipps-Universität Marburg als Dissertation angenommen.

Ich danke meinem Doktorvater Prof. Dr. Georgios Gounalakis für seine Unterstützung und die große wissenschaftliche Freiheit, die ich als Mitarbeiter bei ihm hatte.

Ich danke der Konrad-Adenauer-Stiftung für das großzügige Promotionsstipendium, besonders auch für die ideelle Graduiertenförderung.

Ich danke meinem Zweitgutachter Prof. Dr. Steffen Detterbeck für seine klare Sprache und die blitzschnelle Zweitbegutachtung.

Meinen lieben Eltern danke ich für ihre Unterstützung und die freien Möglichkeiten.

Koblenz, im Sommer 2013

Christoph Wege

Inhaltsverzeichnis

Einführung: Fiktionale Welten und reale Persönlichkeitsverletzungen

I. Sachverhalt

Wer auf absolute Diskretion bedacht ist, sollte vorsichtshalber von gar zu engen Beziehungen mit Schriftstellern Abstand nehmen. *Maxim Biller* ist Schriftsteller. Ebenso wie der Ich-Erzähler Adam seines Romans „Esra". Und Esra, Adams Freundin, ist auf absolute Diskretion bedacht: „Ich will es nicht. Ich will mich nicht schämen vor dir. Ich will dir nicht meine Brüste zeigen und später irgendwo lesen, daß ich dir meine Brüste gezeigt habe."[1] „Zeig her", läßt *Biller* Adam lachend antworten.

Schon diese kurze Dialogsequenz belegt einen für die Lektüre von „Esra" typischen Aufmerksamkeitswechsel. Weg von den konkreten Schicksalen der Romanfiguren hin zu den Entstehungs- und Kommunikationsbedingungen des Romans als Kunsterzeugnis, das auf reale Personen und reale Ereignisse als Werkstoffe angewiesen ist. Die Aufmerksamkeit wandert von der Fiktion des Romanprodukts in die Wirklichkeit der Romanproduktion. Was unterscheidet fiktionale von nichtfiktionalen Darstellungen und wie sind Fiktion und Wirklichkeit strukturell miteinander verkoppelt? – Fragen von fiktions- und literaturtheoretischem, zunächst weniger von juristischem Interesse; um die Indiskretionen fiktiver Schriftsteller gegenüber fiktiven Personen scheren sich allenfalls fiktive Juristen.

Was aber, wenn *Biller* seine Romanfiguren das vorwegnehmen ließ, was ihn als Reaktion auf die Veröffentlichung seines Romans im Frühjahr 2003 erwarten würde: Ein langwieriger Rechtsstreit mit seiner ehemaligen Freundin, die eine mehrjährige Liebesbeziehung zu *Biller* unterhielt und sich nun gegen einen Roman wehrt, in dem sie sich als Person wiedererkannt fühlt. „Esra" sei kein Roman, sondern eine Biographie ohne wesentliche Abweichungen von der Wirklichkeit, führte sie vor dem Landgericht München aus[2]. Da sich ihre Person im Roman ohne weiteres identifizieren ließe, verletzten die detaillierten Darstellungen aus dem Privat- und Intimleben Esras ihre Persönlichkeitsrechte. Ein Vortrag, der

1 *Biller,* Esra, S. 15.

2 Abrisse der Prozessgeschichte finden sich etwa bei *v. Becker,* Fiktion und Wirklichkeit im Roman, S. 41 ff. und *Wittreck,* Jura 2009, 128 (129).

Billers Konzept der Selbstreferenz vollendet: Nicht mehr die abstrakte Referenz auf den Roman als Kunstgattung, sondern die Referenz auf die konkreten Entstehungsbedingungen eben jenes Romans „Esra“ gerät ins Zentrum der Betrachtung. „Esra“ wird zu einem Grenzgänger, der kraft seines sich verselbständigenden Fokuswechsels zwischen Fiktionalität und Wirklichkeit oszilliert. Wenn der realistische Roman als Gattung damit eine neue Stufe erreichen sollte, etwa in Gestalt einer Metakunst zweiter Ordnung, versteht sich um so mehr, dass *Biller* im Rechtsstreit um sein Werk auf die Geltung der Kunstfreiheit angewiesen ist. Persönlichkeitsschutz gegen Kunstfreiheit; Art. 1 Abs. 1 GG i.V.m. Art. 2 Abs. 1 GG gegen Art. 5 Abs. 3 GG, so trifft die juristische Beobachtung ihre Selektionen und transformiert den Lebenssachverhalt in einen Grundrechtskonflikt.

II. Problemstellung

So einfach die einschlägigen Grundrechtsnormen ausgemacht sind, so wenig ist bis heute eine befriedigende Lösung ihres Konflikts in Aussicht. Das BVerfG hatte sich nach seinem „Mephisto“-Beschluss aus dem Jahr 1971[3] ein zweites Mal mit dem Problem durch Romane vermittelter Persönlichkeitsrechtsverletzungen auseinanderzusetzen. Im eben skizzierten Fall „Esra“ entschied es mit Beschluss vom 13. Juni 2007, die Veröffentlichung des Romans stelle eine schwere Persönlichkeitsrechtsverletzung dar, der gegenüber die Kunstfreiheit des Autors und des klagenden Verlags zurückzutreten habe[4]. Das BVerfG bestätigte das Verbot der Instanzgerichte, „Esra“ zu veröffentlichen, auszuliefern, zu vertreiben oder dafür zu werben.

Ebenso wie die Vorgängerentscheidung „Mephisto“ erging der „Esra“-Beschluss nicht einstimmig. Das Votum fiel mit 5:3 Stimmen, und wie im „Mephisto“-Beschluss machten die abweichenden Richter von ihrer Möglichkeit Gebrauch, Minderheitsvoten zu verfassen. Doch nicht nur ein gemeinsam verfasstes, sondern gleich zwei Sondervoten gibt es im Anschluss an die Mehrheitsentscheidung zu lesen[5]. Angesichts der richterlichen Wertungsspielräume, die in der Abwägungsdogmatik des BVerfG bei Grundrechtskollisionen strukturell angelegt sind und bei Grenzfällen spürbar werden, könnte man dies als gewöhnlichen Vorgang einstufen. Aber schon die geteilten Meinungen der abweichenden Richter weisen darauf hin: Die zur Uneinheitlichkeit der Entscheidungen führenden, grundrechtsdogmatischen Weichen könnten sich möglicherweise nicht erst im

3 BVerfGE 30, 173 ff.

4 BVerfGE 119, 1 ff. = NJW 2008, 39 ff.

5 BVerfGE 119, 1 (37 ff., 48 ff.) = NJW 2008, 39 (44 ff., 47 ff.).

Rahmen der Abwägung befinden, sondern früher, bei den grundrechtsdogmatischen und fiktionstheoretischen Abwägungsgrundlagen.

Können fiktive Romanwelten überhaupt reale Persönlichkeitsrechtsverletzungen herbeiführen, fragt *Hoffmann-Riem* sinngemäß in seinem Sondervotum[6], während die Senatsmehrheit, dieser Möglichkeit gewiss, ganz im Gegenteil gar eine schwere Persönlichkeitsrechtsverletzung annimmt[7]. Die unüberbrückbare Kluft zwischen beiden Begründungen gibt den Anlass zur Untersuchung der These, dass das Verhältnis zwischen Persönlichkeitsrecht und Kunstfreiheit für den Fall des Romans nicht abschließend geklärt ist – auch fast vier Jahrzehnte nach „Mephisto".

Die vorliegende Arbeit verortet die blinden Stellen im Verhältnis beider Grundrechte auf dem Gebiet ihrer bereichsdogmatischen Ausdifferenzierung. Danach sind Kunstfreiheit und Allgemeines Persönlichkeitsrecht ausgerechnet an Stellen blind, an denen sich ihre Sphären wechselseitiger Wirksamkeit dogmatisch-konzeptionell aneinander zu schärfen hätten: Für die Kunstfreiheit ist bis heute die *Schrankenfrage* ungelöst; und vom Allgemeinen Persönlichkeitsrecht weiß man nur von Fallgruppen, nicht aber von Grenze und Struktur seines *Schutzbereichs*. In Fällen wie „Esra" ist das eine prekäre Kombination[8]. Das Allgemeine Persönlichkeitsrecht wird ohne begriffliche Rückbindung an eine Rechtsnorm als verletzt erkannt. Doch „Esra" hat den Anschein, wie „Mephisto" ein Fall zu sein, in dem der heuristische Weg der Erkenntnis ins Bodenlose führt. Ohne einen Begriff des Allgemeinen Persönlichkeitsrechts entbehrt das Grundrecht seiner normativen Konsistenz, seiner Rationalität, seiner normprogrammatisch-methodischen Kontrollierbarkeit, seiner rechtsstaatlich disziplinierten und motivierten Konkretisierung[9].

---

6 BVerfGE 119, 1 (57) = NJW 2008, 39 (49).

7 BVerfGE 119, 1 (34) = NJW 2008, 39 (44): „Gerade durch die aus vom Autor unmittelbar Erlebtem stammende, realistische und detaillierte Erzählung der Geschehnisse wird das Persönlichkeitsrecht der Kl. zu 1 besonders schwer betroffen. Dies geschieht insbesondere durch die genaue Schilderung intimster Details einer Frau, die deutlich als tatsächliche Intimpartnerin des Autors erkennbar ist."

8 In der wissenschaftlichen Diskussion der „Esra"-Entscheidung ist das dogmatische Grundproblem erst einmal fast völlig übergangen worden. Einzig *Ladeur/Gastomzyk*, ZUM 2004, 426 (434 f.), beklagen schon seit langem dogmatische Unschärfen, allerdings auf Ebene der Schutzbereichsbestimmung. Erst *Vosgerau*, Der Staat 48 (2009), 107 ff. kritisiert die Konturlosigkeit des Allgemeinen Persönlichkeitsrechts, das in seinem derzeitigen Zustand keine wirksame Schranke der Kunstfreiheit darstellen könne.

9 Das BVerfG widmet sich in seiner bekannten presserechtlichen „Soraya"-Entscheidung vom 14.02.1973 ausführlich dem Zusammenhang von Rechtsstaatsprinzip und methodischer Rationalität, vgl. BVerfGE 34, 283 ff. Eine Methodenlehre, die diesen verfassungsrechtlich geforderten Zusammenhang von Rechtsstaatsprinzip und Methodenlehre ernst nimmt, findet sich bei *Müller/Christensen*, Juristische Methodik. Sie begreift methodische Rationalität als Beitrag zur Legitimität des Verfassungsstaates: „Im so bestimmten Sinn ist Rationalität nicht nur eine Bedingung

Ohne einen Begriff zeigen sich die Verlegenheiten einer intuitiven Jurisprudenz, wie wir sie von der formallogisch überforderten Konstruktion der Menschenwürde als Grundrecht kennen: Ohne einen Begriff bleibt nur die Hoffnung, im Fall der Verletzung anhand der Verletzung zu erkennen, dass es sich um eine Verletzung handelt[10]. Derartige, zirkulär gewonnene Evidenzen stellen sich in keinem auch nur halbwegs problematischen Fall ein. Der Schutzbereich des Allgemeinen Persönlichkeitsrechts verbirgt sich also begrifflich im ununterschiedenen Raum. Die Scheu vor einer Unterscheidung gibt der Frage *Hoffmann-Riems,* „Wann aber kann eine ‚ästhetische Realität' (verstanden als kunstspezifische Konstruktion von Wirklichkeit) Persönlichkeitsrechte überhaupt verletzen?", eine vorgängige, grundrechtsdogmatische Dimension. Im unterscheidungslosen Raum lässt sie sich nicht beantworten. Zumal das Allgemeine Persönlichkeitsrecht auch durch den Konflikt mit der Kunstfreiheit keinen Kontrast bekommt. Denn die komplementäre Frage, in welchen Fällen sich umgekehrt die Kunstfreiheit Einschränkungen durch das Allgemeine Persönlichkeitsrecht gefallen lassen muss, bleibt auf grundrechtsdogmatischer Ebene ebenfalls ein weißes Blatt Papier: Die Besonderheit der schrankenlos formulierten Gewährleistung der Kunstfreiheit gemäß Art. 5 Abs. 3 GG ist als Normbefehl noch nicht zufriedenstellend herausgearbeitet.

III. Gang der Untersuchung

Das Allgemeine Persönlichkeitsrecht wie auch die Kunstfreiheit stellen sich in ihren grundrechtlichen Partikulardogmatiken als unterentwickelt dar. Eine These, die sich am Ende des zweiten Kapitels bestätigt haben dürfte. Das Kapitel widmet sich der Frage, inwieweit die „Esra"-Entscheidung des BVerfG, wie sie das erste Kapitel grundrechtssystematisch darstellt, als dogmatisches Abwägungsfundament eignet. Um das zu sehen, ist eine fiktionstheoretische Reformulierung der Entscheidung erforderlich, um die verfassungsgerichtliche Vorstellung davon, wie Fiktion und Realität kommunikativ miteinander gekoppelt sind, fiktionstheoretisch nachvollziehbar, und damit operationalisierbar werden zu lassen. Weil es dem BVerfG jedoch nicht gelungen ist, sein im Kern brauchbares Konzept an die in

---

des Rechtsstaats, sondern auch der Demokratie und des Sozialstaats.", vgl. Rn. 20. Die vorliegende Arbeit schließt sich diesem methodisch-rechtsstaatlichen Ansatz bedingungslos an.

10 Die herrschende Meinung definiert den Begriff der Menschenwürde vom Verletzungsvorgang her, wobei sich die sogenannte „Objektformel" *Günter Dürigs* durchgesetzt hat: „Die Menschenwürde ist getroffen, wenn der konkrete Mensch zum Objekt, zu einem bloßen Mittel, zur vertretbaren Größe herabgewürdigt wird." vgl. Herdegen, in: *Maunz/Dürig,* GG-Kommentar, Art. 1, Rn. 36, unter Verweis auf *Dürigs* Kommentierung zu Art. 1 in der Vorauflage.

Streit stehenden Grundrechte zurückzubinden, steuern das dritte und vierte Kapitel dieser Arbeit die Rückbindung bei: Sie entwerfen mit ihren Partikulardogmatiken zum Schutzbereich des Allgemeinen Persönlichkeitsrechts und den Schranken der Kunstfreiheit diejenige Auslegungsstruktur, welche die allgemeine Grundrechtsdogmatik mit der in der „Esra"-Entscheidung enthaltenen Abwägungsformel verbindet. Nach dieser dogmatischen, das heißt: Auslegungsstrukturen schaffenden Grundlagenarbeit kann dann das fünfte Kapitel auf diese Basis noch ein eigenes abwägungsleitendes Wertungsmodell konstruieren. Anliegen auch dieses Wertungsmodells ist die Grundrechtsdogmatik. Es sollen Abwägungsstrukturen vorgegeben werden, nicht aber eine diese Strukturen benutzende Abwägungskasuistik. Der partikulardogmatische Entwurf erhebt den Anspruch, für sämtliche Romanformen gültig zu sein. Zur Diskussion gestellt sei also eine Auslegungsstruktur, deren weitere kasuistische Ausdifferenzierung anderen Arbeiten vorbehalten bleiben soll.

Kapitel 1: „Esra“-Beschluss des BVerfG

I. Sachverhalt

Maxim Biller zeichnet in seinem Roman „Esra“ das Portrait zerrissener, neu zusammengefügter und stets wieder zerbrechender familialer, zwischenmenschlicher und intimer Beziehungsnetzwerke: Adam, der Ich-Erzähler, ist Schriftsteller, lebt in München-Schwabing. Die türkischstämmige Romanfigur Esra, die ebenfalls dort wohnt, ist Schauspielerin, Trägerin eines Filmpreises, Mutter eines Kindes aus gescheiterter Ehe und unterhält eine wechselhafte, schließlich zerbrechende Liebesbeziehung zu Adam. Dieser Beziehung folgt ein ebenfalls scheiterndes Verhältnis zu einem ehemaligen Schulfreund, mit dem sie ein gemeinsames Kind bekommt. Esras in dritter Ehe verheiratete türkische Mutter Lale ist Trägerin des alternativen Nobelpreises, den sie vor Jahren für ihre Umweltaktivitäten erhalten hatte. Esra stammt aus der Ehe Lales mit einem amerikanischen Soldaten, Esras drei Halbgeschwister aus zweiter Ehe mit einem Münchener Anwalt.

Dieser Satz figurenbezogener Daten deckt sich mit den personenbezogenen Daten *Billers*, dessen ehemaliger Freundin und deren Mutter. Das gilt für Personenkonstellationen ebenso wie für Wohnorte, Handlungsorte, Herkunft, Berufe, Auszeichnungen, Reihenfolge der Beziehungen und Anzahl der Kinder. Übereinstimmungen, deretwegen die Klägerinnen des Ausgangsverfahrens die Identifizierbarkeit ihrer Personen rügen und darüber hinaus vortragen, „Esra“ stelle insgesamt eine Biographie ohne wesentliche Abweichungen von der Realität dar. Die Beschwerdeführerin vor dem BVerfG, *Billers* Verlagsgesellschaft, bestreitet das. Ein Großteil dessen, was in dem Roman passiere, habe sich in der Realität so nicht ereignet; dass Handlungen und Personen größtenteils den Biographien der Klägerinnen des Ausgangsverfahrens entnommen seien, sei nicht richtig.

Gegenstand dieses Streits sind jene Passagen des Romans, die den Figuren ihre personale Tiefe verleihen. Esra wird als Charakter phlegmatisch, naiv, schicksalsergeben und antriebslos, Lale verbittert, depressiv, herrschsüchtig und mit einer Tendenz zum Alkoholismus gezeichnet. Hinzu kommen ausführliche und detaillierte Schilderungen aus dem Sexualleben Esras und der Umgang mit der Krankheitsgeschichte von Esras Tochter Ayla. In all dem erblicken die Klägerinnen des Ausgangsverfahrens eine Verletzung ihrer Persönlichkeitsrechte. Einmal in

Gestalt von diffamierenden und ehrverletzenden Schilderungen ihrer Personen, zum anderen in Gestalt von Eingriffen in absolut geschützte Bereiche ihres Intimlebens. *Biller* räumt ein, zu seinem Roman durch die Liebesbeziehung zur Klägerin des Ausgangsverfahrens inspiriert worden zu sein, besteht aber zusammen mit der beschwerdeführenden Verlagsgesellschaft auf der Fiktionalität seiner Figuren. Die Beschwerdeführerin sieht sich darum durch die instanzgerichtlichen Urteile in ihrer Kunstfreiheit aus Art. 5 Abs. 3 S. 1 GG verletzt.

II. Entscheidungsbegründung

In seiner Entscheidung vom 13. Juni 2007 hat der Erste Senat des BVerfG das Romanverbot der Ausgangsgerichte bestätigt. Gleichwohl hat er der Verfassungsbeschwerde des Verlags Kiepenheuer & Witsch gegen die Entscheidungen der das Romanverbot aussprechenden ordentlichen Gerichte teilweise stattgegeben. Allein jene Klägerin des Ausgangsverfahrens, die sich in der Romanfigur „Esra“ wiedererkannt sieht, wird vom Senat als in ihren Persönlichkeitsrechten verletzt anerkannt. Die zweite der beiden Klägerinnen, die sich in der Romanfigur „Lale“ wiedererkannt sieht, sei dagegen nicht in ihrem Persönlichkeitsrecht verletzt. Der rechtliche Teilerfolg vermochte freilich nichts am Ergebnis des vollumfänglichen Romanverbots zu ändern. Er wirkt sich in der Sache wie volles Obsiegen aus.

Ihre Urteilsbegründung setzt die Senatsmehrheit aus systematisch-funktionalen Modulen zusammen. Das erste Modul entfaltet die Partikulardogmatiken der Kunstfreiheit und des Allgemeinen Persönlichkeitsrechts, und bringt die Grundrechte für den zu lösenden Konflikt dogmatisch in Stellung. Das zweite Modul konstruiert ein ausdifferenziertes Abwägungsprogramm, an dessen Ende ein Abwägungsleitsatz steht. Das letzte Begründungsmodul enthält den wertenden Abwägungsvorgang. Seine Abwägungsgrundlagen wendet der Senat dabei nur zum Teil an. Denn neben die Abwägungszone setzt der Senat eine Tabuzone, die bestimmten Romanstoff per se für persönlichkeitsrechtsverletzend einstuft, und der deshalb schon für eine Abwägung nicht in Betracht kommen soll.

1. Grundrechtsdogmatisches Basismodul

Das grundrechtsdogmatische Begründungsmodul greift auf bekannte Textbausteine zurück. Die Kunstfreiheit wird mitsamt des herrschenden weiten Kunstbegriffs eingeführt, wonach es sich bei einem Kunstwerk um „eine freie schöpferische Gestaltung [handelt], in der Eindrücke, Erfahrungen und Erlebnisse des Künstlers durch das Medium einer bestimmten Formensprache, hier des Romans, zur Anschauung gebracht werden"[11]. Der Senat versichert, auch *Billers* Werk „Esra" sei vom Schutzbereich der Kunstfreiheit umfasst, obgleich es in Frage stünde, inwieweit der Autor hier keine reinen Kunstfiguren, sondern die Personen der Klägerinnen der Ausgangsverfahren schildere[12].

Der nächste Textbaustein reproduziert die Lehre von der mittelbaren Drittwirkung der Grundrechte, wonach Grundrechte nicht nur im Bürger-Staat-Verhältnis, vielmehr auch zwischen Privaten wirksam werden können. Für die hier zu entscheidende Urteilsverfassungsbeschwerde, dem Fall eines „gerichtlich vermittelten Grundrechtskonflikts Dritter"[13], sei „das Grundrecht [...] eine objektive Entscheidung für die Kunst, die auch im Verhältnis unter Privaten zueinander zu berücksichtigen ist, insbesondere wenn unter Berufung auf private Rechte künstlerische Werke durch staatliche Gerichte verboten werden sollen"[14].

Nach einer Rechtfertigung für den Prüfungsmaßstab, der wegen der Schwere des mit dem Romanverbot der Ausgangsgerichte einhergehenden Eingriffs in die Kunstfreiheit so engmaschig habe gewählt werden müssen[15], geht der Senat zur allgemein grundrechtsdogmatischen Stufe der Grundrechtsschranken über. Hier bekräftigt er die Lehre von den verfassungsimmanenten Schranken solcher Grundrechte, die ohne einen ausdrücklichen Schrankenvorbehalt im Grundgesetz geschrieben stehen. Danach ist auch ein schrankenlos formuliertes Grundrecht „nicht schrankenlos gewährleistet, sondern findet [seine] Grenzen unmittelbar in anderen Bestimmungen der Verfassung, die ein in der Verfassungsordnung des Grundgesetzes ebenfalls wesentliches Rechtsgut schützen"[16]. Durch die große Reichweite des Schutzbereichs der Kunstfreiheit, die darüber hinaus nicht nur den Werk-, sondern auch den Wirkbereich des Kunstwerks und dessen Verbreitung umfasst, müsse sichergestellt sein, „dass Personen, die durch Künstler in ihren Rechten beeinträchtigt werden, ihre Rechte auch verteidigen können und in diesen Rechten auch unter Berücksichtigung der Kunstfreiheit einen wirksamen Schutz erfahren"[17].

Die Einschränkbarkeit der Kunstfreiheit durch verfassungsimmanente Schranken bahnt dem Allgemeinen Persönlichkeitsrecht aus Art. 1 Abs. 1 i.V.m Art. 2 Abs. 1 GG den Weg in die Grundrechtsabwägung. Doch die Präsentation dieses Grundrechts fällt gewohnt unbefriedigend aus: Dem Allgemeinen Persönlichkeitsrecht sei „in der Rechtsprechung des BVerfG ein hoher Rang beigemessen

---

11 BVerfGE 119, 1 (20 f.) = NJW 2008, 39 (40), unter Rekurs auf BVerfGE 30, 173 (188 f.); 67, 213 (224 ff.).

12 BVerfGE 119, 1 (20) = NJW 2008, 39 (40).

13 *Wittreck,* Jura 2009, 128.

14 BVerfGE 119, 1 (21) = NJW 2008, 39 (40).

15 BVerfGE 119, 1 (22) = NJW 2008, 39 (40).

16 BVerfGE 119, 1 (23) = NJW 2008, 39 (40).

17 BVerfGE 119, 1 (23) = NJW 2008, 39 (40).

worden", es besitze einen „Menschenwürdekern" und gewährleiste in Ergänzung der übrigen Grundrechte „die engere persönliche Lebenssphäre und die Erhaltung ihrer Grundbedingungen"[18]. Bis hierher ist – wie immer, wenn das Allgemeine Persönlichkeitsrecht zum Gegenstand seiner verfassungsrechtlichen Präsentation gemacht wird – nur gesagt, dass das Grundrecht existiert und aus welchen Grundgesetzvorschriften es sich ergeben soll[19]. Dann folgt die Erklärung, der Inhalt des Grundrechts sei „nicht allgemein und abschließend umschrieben"[20], gefolgt von der Rechtfertigung für die mangelnde Schutzbereichsdefinition: Die Aufzählung anerkannter, an die Stelle einer ausdrücklichen Definition tretender Fallgruppen. Hier die des Verfügungsrechts der Person an der Darstellung der eigenen Person und der Schutz der Person vor verfälschender oder entstellender Darstellung[21]. Der Senat schließt an dieser Stelle sein dogmatisches Begründungsmodul, mit dessen Hilfe die konfligierenden Grundrechte in Stellung gebracht werden sollen, ab.

2. Abwägungsleitsatzmodul

Auf dieser Begründungsbasis errichtet der Senat sein Abwägungsleitsatzmodul. Es besteht aus folgenden Komponenten: Eingriffsvoraussetzungen, Faktoren der Eingriffsintensität und Abwägungsformel.

a) Eingriffsvoraussetzung: Erkennbarkeit der Person als Vorlage für den Roman

Der Senat überspringt den grundrechtsdogmatischen Prüfungspunkt der Betroffenheit des Schutzbereichs des Allgemeinen Persönlichkeitsrechts. Ohne Schutzbereichsdefinition war das auch nicht anders zu erwarten. Er steigt direkt mit der Bestimmung des Grundrechtseingriffs ein. Der soll vollendet sein, wenn reale Personen als Vorbilder der Romanfiguren erkennbar sind[22]. Als Maßstab der Erkennbarkeit soll, um den Schutz des Persönlichkeitsrechts nicht auf Prominente zu beschränken, bereits ein mehr oder minder großer Bekanntenkreis genügen[23]. Da Künstler ohne Rückgriff auf tatsächliche Personen in ihrem Schaffen blockiert wären, stellt der Senat an das Vorliegen von Erkennbarkeit erhöhte Anforderungen.

18 BVerfGE 119, 1 (23 f.) = NJW 2008, 39 (41).
19 Vgl. BVerfGE 54, 148 (153); 67, 213 (228); 75, 369 (380); 80, 367 (373 f.); 114, 339 (346).
20 BVerfGE 119, 1 (24) = NJW 2008, 39 (41).
21 Ebenda.
22 BVerfGE 119, 1 (24 f.) = NJW 2008, 39 (41).
23 BVerfGE 119, 1 (25) = NJW 2008, 39 (41).

Erkennbarkeit, und damit auch der Grundrechtseingriff, soll erst dann gegeben sein, wenn sie sich dem mit den Umständen vertrauten Leser aufdränge, was regelmäßig eine hohe Kumulation von Identifizierungsmerkmalen voraussetze[24].

Unter diese Obersätze subsumiert das Gericht und stellt fest: Wegen der oben aufgezeigten Übereinstimmungen der figurenbezogenen Daten mit den personenbezogenen Daten ist Erkennbarkeit der Klägerinnen des Ausgangsverfahrens im Roman „Esra" zu bejahen. Der Roman greift in das Allgemeine Persönlichkeitsrecht der Klägerinnen ein, weil „den Romanfiguren, als deren Vorbild sie erkennbar sind, [...] Handlungen zugeschrieben [werden], die, wenn der Leser sie auf die Klägerinnen beziehen kann, geeignet sind, ihr Persönlichkeitsrecht erheblich zu beeinträchtigen"[25].

b) Rechtfertigungsfaktor: Eingriffsintensität

Mit dem Eingriff in Art. 1 Abs. 1 i.V.m. Art. 2 Abs. 1 GG ist noch nicht darüber entschieden, ob das Grundrecht auch verletzt ist. Da die Kunstfreiheit „ihrerseits dem Persönlichkeitsrecht Grenzen" ziehe, weil seine Durchsetzung der Kunstfreiheit besondere Schäden androhe[26], widmet sich der Senat der wechselseitigen Begrenzung der widerstreitenden Grundrechte mit besonderer Sorgfalt. Die Eingriffsintensität als wesentlicher Abwägungsfaktor soll mit folgender Formel bestimmt werden: „Die Schwere der Beeinträchtigung des Persönlichkeitsrechts hängt [...] sowohl davon ab, in welchem Maß der Künstler es dem Leser nahelegt, den Inhalt seines Werkes auf wirkliche Personen zu beziehen, wie von der Intensität der Persönlichkeitsrechtsbeeinträchtigung, wenn der Leser diesen Bezug herstellt[27].

Bei der Bestimmung dieses Maßes verlangt das Gericht eine „kunstspezifische Betrachtung"[28]. Danach gilt zunächst für literarische Werke eine Fiktionalitätsvermutung[29]. Innerhalb der Fiktionalität des Werkes „strebe das Kunstwerk eine gegenüber der ‚realen' Wirklichkeit verselbständigte ‚wirklichere Wirklichkeit' an, in der die reale Wirklichkeit auf der ästhetischen Ebene in einem neuen Verhältnis zum Individuum bewusster erfahren wird"[30]. Was damit gemeint sein soll, ist auf jeden Fall stark auslegungsbedürftig. Seiner Formulierung nach ist es eine Reminiszenz an das Sondervotum des Richters *Stein*, der in der „Mephisto"-Entscheidung

---

24 BVerfGE 119, 1 (25 f.) = NJW 2008, 39 (41).
25 BVerfGE 119, 1 (26) = NJW 2008, 39 (41).
26 BVerfGE 119, 1 (26 f.) = NJW 2008, 39 (41).
27 BVerfGE 119, 1 (27) = NJW 2008, 39 (42).
28 Ebenda.
29 BVerfGE 119, 1 (28) = NJW 2008, 39 (42).
30 Ebenda.

des BVerfG ähnlich Kryptisches über das Verhältnis von Wirklichkeit und Fiktion gegen die seinerzeitige Entscheidung der Senatsmehrheit einzuwenden hatte[31]. Bis hierher können wir vorläufig festhalten, dass der Roman jedenfalls als Roman gelesen werden muss, um nicht vorschnell eine Eingriffsintensität anzunehmen, wie sie bei der Lektüre faktualer Texte anzunehmen ist. Das wäre nämlich nicht kunstspezifisch, genauer: nicht romanspezifisch.

c) Abwägungsformel

Mit dem Erkennbarkeitsbegriff und der Fiktionalitätsvermutung samt kunstspezifischer Eingriffsintensitätsbestimmungsvorschrift ausgerüstet, präsentiert der Senat schließlich seine Abwägungsformel: „Zwischen dem Maß, in dem der Autor eine von der Wirklichkeit abgelöste ästhetische Realität schafft, und der Intensität der Verletzung des Persönlichkeitsrechts besteht eine Wechselbeziehung. Je stärker Abbild und Urbild übereinstimmen, desto schwerer wiegt die Beeinträchtigung des Persönlichkeitsrechts. Je mehr die künstlerische Darstellung besonders geschützte Dimensionen des Persönlichkeitsrechts berührt, desto stärker muss die Fiktionalisierung sein, um eine Persönlichkeitsrechtsverletzung auszuschließen."[32]

3. Abwägungsmodul mit Tabuzone

Nach all den Vorarbeiten schreitet der Senat zur Tat und wägt ab. Er stellt fest, dass die Verbindung der Romanfigur „Lale" zu ihrem im Text als Vorlage erkennbaren Vorbild nicht eng genug ist, um ein Romanverbot zu rechtfertigen. Der „Autor"(!) schildere die Romanfigur nicht aus eigenem Erleben, sondern mit

31 Vgl. BVerfGE 30, 173 (195): „Ein Kunstwerk wie der Roman von *Klaus Mann* strebt eine gegenüber der realen Wirklichkeit verselbständigte ‚wirklichere Wirklichkeit' an, in der die reale Wirklichkeit auf der ästhetischen Ebene in einem neuen Verhältnis zum Individuum bewußter erfahren wird. Zeit und Raum sind im Roman etwas anderes als im wirklichen Leben. Ein ‚Abphotographieren' der Wirklichkeit ist nicht sein künstlerisches Anliegen. Auch bei der hier geschehenen Anknüpfung an reale geschichtliche Gegebenheiten hat eine Überhöhung oder Transzendierung dieser Begebenheiten oder Zustände in die eigene, von der künstlerischen Phantasie geschaffene ‚ästhetische Realität' des Kunstwerks stattgefunden. Die künstlerische Darstellung kann deshalb nicht am Maßstab der Welt der Realität, sondern nur an einem kunstspezifischen, ästhetischen Maßstab gemessen werden. Bezogen auf das künstlerische Anliegen können die aus der Wirklichkeit entnommenen und gestalteten Daten auch dann ‚wirklichkeitstreu' sein, wenn sie, bezogen allein auf die reale Welt, die ‚Wirklichkeit verfälschen'. In der ästhetischen Realität ist Faktisches und Fiktives ungesondert gemischt; sie sind nicht ein lästiges Nebeneinander, sondern eine unauflösliche Verbindung; alles ist freies, ‚künstlerisches Spiel'."

32 BVerfGE 119, 1 (30) = NJW 2008, 39 (42).

erzählerischer Distanz, teilweise nur als Wiedergabe fremder Erzählungen[33]. Daher käme der Erzählung eine kunstspezifische Betrachtung zugute, weshalb hier von einer zur Reportage abgemilderten Eingriffsintensität ausgegangen werden könne[34]. Abgesehen davon glitten die Schilderungen auch nicht in den Bereich der Schmähung ab[35]. Im Wege der so begründeten Abwägung gelangt der Senat zur Teilabweisung der Verfassungsbeschwerde.

Hinsichtlich der Verbindung der Romanfigur „Esra“ zu ihrer als im Roman erkennbar angenommenen Vorlage verweigert sich das Gericht einer Abwägung mit der Kunstfreiheit. Eine kunstspezifische Betrachtung wird verweigert, und das Gericht liest den Roman so, als handele es sich um eine Reportage. Durch „die aus vom Autor unmittelbar Erlebtem stammende, realistische und detaillierte Erzählung“ sei das Persönlichkeitsrecht der als Vorbild erkennbaren Klägerin des Ausgangsverfahrens „besonders schwer betroffen“[36]. Dies geschehe „insbesondere durch die genaue Schilderung intimster Details einer Frau, die deutlich als tatsächliche Intimpartnerin des Autors erkennbar“ sei[37]. Was hier noch aussieht wie die Anwendung der Abwägungsformel, markiert tatsächlich den Wendepunkt einer Abkehr vom eben erst aufgestellten Abwägungsmodell. Das Gericht errichtet für den Bereich sexueller Romanschilderungen eine Tabuzone, innerhalb deren die Kunstfreiheit keine Verwirklichungschancen mehr haben soll. Aufgrund des „überragenden Schutzes der Intimsphäre“, die „zum Menschenwürdekern“ des Allgemeinen Persönlichkeitsrechts rechnen soll, sei es schlichtweg nicht hinnehmbar, „dass sich Leser die durch den Roman nahegelegte Frage stellen, ob sich die dort berichteten Geschehnisse auch tatsächlich zugetragen haben“[38]. Die Senatsmehrheit macht hier mit ihrem Rekurs auf den Menschenwürdesatz aus Art. 1 Abs. 1 GG kurzen Prozess: Das Abwägungsmodell wird außer Kraft gesetzt und die Verfassungsbeschwerde auf Grundlage einer in knappsten Strichen skizzierten Tabuthese abgewiesen.

---

33 BVerfGE 119, 1 (31 f.) = NJW 2008, 39 (43).

34 BVerfGE 119, 1 (33) = NJW 2008, 39 (43).

35 BVerfGE 119, 1 (32) = NJW 2008, 39 (43).

36 BVerfGE 119, 1 (34) = NJW 2008, 39 (44).

37 Ebenda.

38 Ebenda.

III. Sondervoten

Einer solch kühnen Entscheidung konnten sich Richter *Hoffmann-Riem* auf der einen[39], und die Richter *Hohmann-Dennhardt* und *Gaier* auf der anderen Seite[40] nicht anschließen. Mit ihren beiden Sondervoten nehmen sie übereinstimmende Positionen ein. Sie kritisieren die am Erzählstil sich orientierende, und daher willkürlich erscheinende Differenzierung zwischen stattgebendem und abweisendem Teil der Entscheidungsbegründung[41] und beklagen eine Tabuisierung des Sexuellen[42]. Insbesondere aber wollen sie sich schon nicht den Prämissen der Abwägungsformel der Senatsmehrheit anschließen. Auf fiktionstheoretischer Perspektive wird infrage gestellt, dass ein Roman überhaupt reale Personen verletzen kann[43]. Es wird bezweifelt, dass so etwas wie Fiktionalisierung überhaupt möglich ist. Während die Abwägungsformel eine stufenlos für möglich gehaltene Fiktionalisierung verlangt, und zwar in Abhängigkeit vom ebenfalls stufenlos regelbaren Maß, in dem es der Romantext nahelegt, ihn auf reale Personen zu beziehen, bezweifeln die Verfasser der Sondervoten die Möglichkeit stufenloser Regelbarkeit[44]. Und zwar sowohl des Nahelegungsmaßes, als auch der Fiktionalisierung. Wenn ein Text Fiktionalität für sich in Anspruch nehmen darf, weise er nach der Fiktionalitätsvermutung keinerlei kommunikative Bindungen zur Welt des Nicht-Fiktionalen auf[45]. Fiktionalität wird in ihrem Verhältnis zur Wirklichkeit also als kommunikativ verbindungslos aufgefasst. Daher wird die Abwägungsformel auch als offener Bruch mit der Fiktionalitätsvermutung verstanden. Die Sondervoten stützen ihre Kritik im Ergebnis auf eine fiktionstheoretische Radikalposition, die darüber hinaus auch nicht näher begründet wird. Die Leitunterscheidung, die beiden Sondervoten zugrunde liegt, besteht nicht im Unterschied von Faktischem und Fiktivem, sondern in der Leitunterscheidung reale Realität/fiktionale Realität. Da Kunst gar keine reale Realität produziere, komme es darauf, ob die in ihr enthaltenen Elemente faktisch oder fiktiv seien, gar nicht an. Da Kunst diese Dinge, ganz gleich, ob sie „erfunden" sind oder nicht, ohnehin in die Welt einer „ästhetischen Realität" transformiere, können sie in der Realen Realität gar keine Wirkung mehr haben. Die Ausführungen der Sonder-

39 BVerfGE 119, 1 (48) = NJW 2008, 39 (47).
40 BVerfGE 119, 1 (37) = NJW 2008, 39 (44).
41 BVerfGE 119, 1 (42, 52 f.) = NJW 2008, 39 (45 f., 48).
42 BVerfGE 119, 1 (40 f., 51 ff.) = NJW 2008, 39 (45, 47 f.).
43 BVerfGE 119, 1 (57) = NJW 2008, 39 (49).
44 BVerfGE 119, 1 (39) = NJW 2008, 39 (45).
45 BVerfGE 119, 1 (39, 54) = NJW 2008, 39 (45,48).

voten führen uns am Ende wieder dahin zurück, wo das Problem seinen Ausgang nimmt[46].

IV. Rechtswissenschaftliche Kritik

In der rechtswissenschaftlichen Besprechung ist die Entscheidung überwiegend mit Zustimmung aufgenommen worden[47]. Soweit Kritik geäußert wird, schließt sie an die von den Sondervoten erklärten Kritikpunkte an. Für die vorliegende Arbeit, die einen Ansatz wählt, der nicht erst bei der abwägenden Bewertung, sondern bei den dogmatischen Abwägungsgrundlagen beginnt, spielt diese doch eher punktuelle Kritik keine große Rolle. Doch gibt es auch Ausnahmen, die bereits früher ansetzen. Sie lassen sich in zwei große Kritikströmungen aufteilen: Die eine kritisiert literaturtheoretische Defizite der Entscheidung. Sie bemängelt, die Entscheidung leide unter einer unterentwickelten Vorstellung der Richter über das Verhältnis von Fiktion und Wirklichkeit im Roman. Vertreter dieser Position gehen dann aber einen Weg, der wenig Aussicht auf Erfolg verspricht: Wie der Roman in seinem Verhältnis zur realen Realität verstanden werden soll, wird voll und ganz der Literaturtheorie anheimgestellt. *Mareike Riedel* bündelt in ihrer Arbeit juristischen mit literaturwissenschaftlichem Sachverstand[48]. Sie stellt das Konzept der „Esra"-Entscheidung vor[49] und unterzieht die darin enthaltenen Leitunterscheidungen einer literaturtheoretischen Überprüfung. Dabei weist sie dem Gericht literaturtheoretische Defizite nach, insbesondere bei der Untersuchung des Fiktionalitätsbegriffs[50]. Aus literaturtheoretischer Sicht ist dem Werk *Riedels* nichts hinzuzufügen. Was *Riedel* aber nicht gelingt, ist die Erklärung, weshalb die von ihr bevorzugten literaturtheoretischen Positionen auch rechtlich relevant sein sollen. Es kann nämlich nicht damit sein Bewenden haben, dem BVerfG literaturtheoretische Unterkomplexität vorzuwerfen, wenn nicht klar ist,

---

46 Zur Frage, in welchem Verhältnis Fiktion und Wirklichkeit zueinander stehen. Was uns die Sondervoten hier mit ihren umständlichen Problemreflexionen anbieten, reicht allenfalls zur Problembeschreibung. Weil sie selbst keine Lösungen enthalten, ist gut zu verstehen, weshalb sie die Mehrheit des Senats nicht zu einer anderen Entscheidung haben bewegen können. Die abweichenden Richter hatten selbst kein besseres Begründungsmodell anzubieten.

47 Vgl. *Wittreck,* AfP 2009, 6 (7); *Raue,* AfP 2009, 1; *Hahn,* NJW 2008, 97 (101); krit. *Gostomzyk,* NJW 2008, 737 (739).

48 *Riedel,* Vermutung des Künstlerischen.

49 Ebenda, S. 9 ff.

50 Ebenda, S. 49 ff.

welche Konzeption das Grundgesetz verlangt[51]. Freilich sind die Normen des Grundgesetzes in ihren Schutzbereichen stark durch die soziale Realität bestimmt, auf die sie abzielen. Doch dürfte fraglich sein, ob sich dieser Bereich der sozialen Realität mit den Vorstellungen literaturtheoretischer Positionen deckt. Die Arbeit *Riedels* leidet im Ergebnis an demselben Mangel wie die „Esra"-Entscheidung des BVerfG: Es gelingt ihr nicht, den literaturwissenschaftlichen Befund auf die beteiligten Grundrechte zurückzuführen. Sie gibt nicht an, worin die Verletzung des Allgemeinen Persönlichkeitsrechts liegt. Auch wird die Definitionslosigkeit des Schutzbereichs nicht als Entscheidungsproblem gesehen und die Schranken der Kunstfreiheit werden nicht problematisiert. So liefert uns ihre Arbeit eine ganz hervorragende literaturtheoretische Analyse der „Esra"-Entscheidung. Aber keine handhabbare dogmatische Auslegungsstruktur für ähnliche Fälle. Ein Defizit, an dem alle vorliegenden Arbeiten leiden, die zur Lösung der „Esra"-Problematik literaturwissenschaftliche Ansätze wählen[52].

Die zweite literaturwissenschaftliche Strömung wird von *Ulrich Vosgerau* vertreten. Er kritisiert neben anderen, allgemein grundrechtsdogmatischen Fragen ebenfalls die mangelnde Bestimmtheit des Schutzbereichs, wie sie in der „Esra"-Entscheidung mehr als deutlich zum Vorschein kommt[53]. Eine eigene Definition stellt er nicht vor, sein Beitrag ist nicht konstruktiv, aber im Gegensatz zur gesamten übrigen, affirmativen Literatur wenigstens eines: Dekonstruktiv. Das Feld, das sich die vorliegende Arbeit vorgenommen hat, liegt also brach vor uns. Wir können nun beide Strömungen miteinander verbinden: Im folgenden Kapitel wird die „Esra"-Entscheidung auf ihre fiktionstheoretische Konzeption hin untersucht. Dann wird die partikulardogmatische Basis für eine Rückbindung dieser Konzeption an die Grundrechte der Kunstfreiheit und des Allgemeinen Persönlichkeitsrechts entwickelt. Doch nicht nur durch die Verbindung beider Strömungen unterscheidet sich die vorliegende Arbeit von den bestehenden literaturtheoretischen Ansätzen. Denn ihr Ausgangspunkt ist nicht die Literaturtheorie in ihrer fiktionstheoretisch wohl heillos zerstrittenen Verfassung. Vielmehr soll es die „Esra"-Entscheidung sein, die bei der Rechtsarbeit am Fall „Esra" auch in fiktionstheoretischer Hinsicht als verbindliche Rechtsquelle ernst genommen werden und – wo nötig – durch dogmatisch-konstruktive Auslegungsstrukturen angereichert werden soll.

51 *Riedel* spricht sich ihrem Arbeitstitel gemäß für eine Vermutung des Künstlerischen aus, vgl. S. 131 ff. Das ist für sich genommen sehr überzeugend. Zur juristischen Fallentscheidung hin aufbereitet wird diese Vermutung nicht. Sie hängt im partikulardogmatischen Vakuum der beteiligten Grundrechte fest.

52 So auch *Eichner/Mix,* IASL 2007, 183 ff, die ebenfalls nicht erklären, inwiefern Literaturtheorie Eingang ins Verfassungsrecht finden soll.

53 *Vosgerau,* Der Staat 48 (2009), S. 107 ff.

Kapitel 2: Fiktionstheoretische Rekonstruktion der Entscheidungsbegründung

Der „Esra"-Beschluss entwirft – wie schon „Mephisto" – keine überzeugende Lösung des ihm aufgegebenen Rechtsproblems, und schon gar keine abschließende Dogmatik der durch ihn konstituierten Fallgruppe des Allgemeinen Persönlichkeitsrechts. Die kritische Besprechung des Urteils in der rechtswissenschaftlichen Diskussion hat Schwächen in zwei Richtungen nahegelegt: Schon bei der Erfassung des Entscheidungsgegenstands treten erhebliche Unschärfen zutage. Es ist nicht expliziert, wie fiktionale Texte welche konkreten Persönlichkeitsverletzungen verursachen. Neben diesem fiktionstheoretischen Erklärungsdefizit mangelt es dem Beschluss an der Rückbindung seiner Entscheidungsformel an die beteiligten Grundrechte. Hier ist es in der Tat so, dass schon die übergeordneten Partikulardogmatiken des Allgemeinen Persönlichkeitsrechts und der Kunstfreiheit dem Sachverhalt nicht gewachsen sind.

Das Programm der hier vorliegenden Arbeit begnügt sich aber nicht mit Kritik. Der Entwurf einer Partikulardogmatik unter dem Titel „Roman und Persönlichkeitsrecht" muss sich konstruktiv mit der Entscheidung auseinandersetzen. Er muss danach fragen, inwiefern sich die in ihr enthaltenen Elemente als dogmatisches Fundament eignen. Das gilt insbesondere für die als Abwägungszone eingerichtete Konstruktion mit ihren Begriffen Erkennbarkeit, kunstspezifische Betrachtung, Fiktionalitätsvermutung und ihrer abschließenden „Je-desto"-Formel. Die einzelnen Schritte der gerichtlichen Abwägungsregelkonstruktion werden daher in diesem Kapitel nochmals fiktionstheoretisch rekonstruiert. Nicht, um mit einem vorgefertigten literaturtheoretischen Konzept an die Verfassungsrechtsprechung heranzutreten. Sondern mit der Hoffnung, in der „Esra"-Entscheidung selbst könnte, aller berechtigten Kritik zum Trotz, eine fiktionstheoretisch tragfähige Basis enthalten sein. Dieses Ziel aus den Augen verloren zu haben, ist den bereits vorliegenden, Literaturtheorie akzentuierenden Arbeiten aus juristischer Sicht vorzuwerfen. Die „Esra"-Entscheidung ist nämlich nicht der Gegenstand des hier zu lösenden Rechtsproblems, sondern Teil der Rechtsnormquellen, die zu seiner Lösung zwingend mitberücksichtigt werden müssen. Das unterscheidet die juristische Falllösung von der Literaturtheoretischen. Um der Konzeption des BVerfG auf die Spur zu kommen, bedarf es einer fiktionstheoretischen Analyse. Die Entscheidung ist auf die in ihr enthaltene fiktionstheoretische Konstruktion abzusuchen. Dazu werden begriffliche Analysemittel benutzt, in deren Sprache die in der Entscheidung formulierte Konstruktion dann reformuliert werden kann. Das ist das Geschäft, dem sich das vorliegende Kapitel jetzt annimmt.

I. Analytische Leitbegriffe

Das Verhältnis des Romans zur Wirklichkeit ist problematisch. Die extreme Schwierigkeit im Verständnis der „Esra"-Entscheidung liegt darin, dass sie dieses problematische Verhältnis nicht exakt aufbereitet. Um erkennen zu können, welche fiktionstheoretische Konzeption das BVerfG auf Sachverhaltsebene zugrunde legt, ist eine Analyse gefragt, die ihre Begriffe nicht willkürlich wählt, sondern aus dem zu analysierenden Kernproblem ableitet: Dem Verhältnis von Fiktion und Wirklichkeit.

1. Reale Realität und fiktionale Realität

Für unsere Beobachtungszwecke, die allesamt auf der Unterscheidung von Fiktion und Wirklichkeit aufbauen, bietet es sich an, die Begriffe reale Realität und fiktionale Realität zu unterscheiden. So wird deutlich, dass Fiktion ihre eigene virtuelle, imaginäre Realität erzeugt. Aber auch, dass trotz der Unterscheidbarkeit beider Realitäten keine absolute Verschiedenheit angenommen werden muss. In ihrer Realitätskonstruktion ist Fiktion darauf angewiesen, Formen aus der realen Realität zu übernehmen. Auch die romanerzeugte fiktionale Realität kommt nicht umhin, dieselben welterzeugenden Kategorien zu verwenden, wie sie aus der Beobachtung der realen Realität erwachsen sind: „Es ist offenbar, dass auch eine von der wirklichen noch so verschieden gedachten Welt Etwas – eine Form – mit der wirklichen gemein haben muss."[54] Raum, Zeit und Kausalität stellen das kategorische Minimum dar, ohne das keine noch so unrealistisch konstruierte fiktionale Realität auskommt. Tatsächlich aber kann der Autor dieses Minimum nicht gleichsam aus dem Nichts auffüllen: „So wie der Löwe fast nur verdauter Hammel ist, so ist die Fiktion fast nur fiktionalisierte Wirklichkeit."[55]

54 *Wittgenstein,* tractatus logico-philosophicus, 2.0211-2.022.

55 Gérard Genette, Fiktion und Diktion, S. 60.

2. Fiktionalität/Faktualität

Das Begriffspaar Fiktionalität/Faktualität kennzeichnet Eigenschaften eines Erzähltextes[56]. Ein fiktionaler Erzähltext erzählt aus der fiktionalen Realität, ein faktualer Erzähltext aus der realen Realität[57]. Anwalt- wie Richterschaft, die sich auf Persönlichkeitsrechtsverletzungen in Massenmedien spezialisiert hat, kennt sich mit der Beurteilung faktualer Texte, meistens in Form massenmedialer Boulevardberichterstattung, bestens aus[58]. Etablierte Medienrechtsanwälte unterhalten ganze Mitarbeiterstäbe mit der Sichtung und Aufbereitung von Klatsch. Was sie zu Meistern ihres Fachs macht, sind die Beobachtungsroutinen, die sie wie Scanner über personenbezogene Massenkommunikationen laufen lassen: Ist eine Aussage wahr, falsch oder ehrverletzend; verletzt eine Abbildung das Recht am eigenen Bild; greift personenbezogene Kommunikation in engere persönliche Lebenssphären ein? Eingeschliffen und bewährt haben sich diese Routinen juristischer Medienbeobachtung bisher allein im Bereich faktualer Medieninhalte. Sie entstammen einem Bereich von Persönlichkeitsrechtsverletzungen, in denen der Autor durch den Text unmittelbar und mit Wahrheitsanspruch kommuniziert. *Biller* freilich spricht in seinem Roman nicht selbst, er lässt sprechen: Seinen fiktiven Ich-Erzähler.

3. Figur und Person

Personen der fiktionalen Realität werden Figuren genannt[59]. Das bedeutet einerseits, dass keine Identität zwischen Personen und Figuren besteht. Andererseits lässt es aber die Möglichkeit offen, Figuren auf Personen zu beziehen. Trotz der innerhalb der fiktionalen Realität nicht aufhebbaren Trennung von Figur und Person bleibt so immer Raum für Verweise in die reale Realität.

4. Referenzialisierbarkeit

Dieser Raum für Verweise der Romanerzählung in die reale Realität drückt sich im Begriff der Referenzialisierbarkeit aus. Referenzialisierbarkeit ist ein auf *Gottfried Gabriel* zurückgehender literaturtheoretischer Begriff und meint den Verweis eines fiktionalen Textes auf eine Tatsache der realen Realität. Nach

56 *Martinez/Scheffel,* Einführung in die Erzähltheorie, S. 10 f.
57 Vgl. *Genette,* Fiktion und Diktion, S. 66.
58 Das Werk von Spezialisten: *Prinz/Peters,* Medienrecht.
59 Vgl. *Jannidis,* Figur und Person.

Gabriel ist fiktionale Rede „diejenige nicht-behauptende Rede, die [zwar] keinen Anspruch auf Referenzialisierbarkeit oder auf Erfülltheit erhebt“[60], ohne damit aber Referenzialisierbarkeit als Möglichkeit auszuschließen. Figuren können also durchaus auf Personen verweisen. Die Frage, wie Persönlichkeitsrechtsverletzungen durch Romanerzählungen möglich sind, obwohl der Roman seine ihm eigene fiktionale Realität produziert, kann daher vorläufig beantwortet werden: Durch Referenzialisierbarkeit als Form der Kopplung von Person und Figur.

5. Gefährlicher Stoff

Erzähltes, das, seine Faktualität unterstellt, Persönlichkeitsrechtsverletzungen anrichtet, bezeichnen wir als *Gefährlichen Stoff*. Nicht nur, um den begrifflichen Transport zu erleichtern. Auch, um die assoziative Wirkung des Begriffs zu nutzen: Schließlich entspringt die gesamte Debatte um die Schädlichkeit von Figuren, die auf Personen verweisen, vor allem auch dem permanenten Verdacht, bei der fiktionalen Erzählung könnte es sich womöglich um eine bloße Umetikettierung von Gefahrgut handeln. Der Begriff *Gefährlicher Stoff* greift diesen Verdacht in assoziativer Form auf. Die Kopplung von Person und Figur in Gestalt von Referenzialisierbarkeit wird erst dann öffentlichkeitswirksam, wenn *Gefährlicher Stoff* ins Spiel kommt.

6. Referenzialisierbarkeit als Medium für Referenzialisierung

Der Rekurs auf *Gefährlichen Stoff* erledigt sich, wenn an der Faktualität des Erzählten kein Zweifel mehr besteht, die Faktualität also nicht mehr als Hypothese angenommen werden muss, weil sie mit Gewissheit vorliegt. Lassen sich umgekehrt alle Zweifel an der Fiktionalität des Erzählten ausräumen, ergibt die hypothetische Annahme der Faktualität ebenfalls keinen Sinn mehr, so dass das Erzählte als *Gefährlicher Stoff* gar nicht erst ins Spiel kommt. Im ersten Fall sind Figur und Person absolut gekoppelt, im zweiten Fall absolut entkoppelt.

Gefährlicher Stoff wird erst zwischen den Polen in seinem unbestimmten Verhältnis zur realen Realität problematisch. Und zwar im Medium Referenzialisierbarkeit. Referenzialisierbarkeit als Medium stellt inmitten dieser Pole den festen Rahmen zur Verfügung, innerhalb dessen sich jeder einzelne der theoretisch unendlich denkbaren Referenzialisierungsvorgänge vollzieht. Die Medium/Form-Unterscheidung, die wir hier benutzen, geht auf *Luhmann* zurück, der das Medium als

60 *Gabriel*, Fiktion und Wahrheit, S. 28, 127.

feste Form begreift, innerhalb deren sich Raum für weniger feste, variierende Formen ergibt. Erst durch die Erscheinung jeweils neuer loser Formen innerhalb der festen Form wird die feste Form als Medium sichtbar.[61]

Luhmann entwirft damit eine Medientheorie auf abstraktester Ebene. Medium meint immer eine feste Form, die durch ihren Rahmen lockere Erscheinungsformen ermöglicht, durch die das Medium erst als Medium in Erscheinung tritt. Dort, wo ein Medium sich selbst als losere Erscheinungsform eines im Verhältnis noch festeren, übergeordneten Rahmens zeigt, ist es dann wieder bloß Form.[62]

Referenzialisierbarkeit ist ein in diesem Sinne zu verstehendes Medium. Es ermöglicht als im Verhältnis festere Form eine variable Vielfalt unendlicher Abstufungen mehr oder weniger fester Kopplungen zwischen Figur und Person. Referenzialisierbarkeit ist das Medium, innerhalb dessen sich der Prozess der Referenzialisierung in einer bestimmten Form so-und-so fester Kopplung von Figur und Person abspielt. Innerhalb dieses Mediums lassen sich seine Formulierungen, also die im Medium prozessierten Kopplungen von Figur und Person, zwischen fest und locker modulieren. Was Referenzialisierbarkeit als Medium ist, zeigt sich erst anhand der theoretisch unendlichen Einzelformen, in denen die fiktionale Erzählung auf reale Personen verweisen, d.h. referenzialisieren kann. Erst durch die Vielzahl einzeln möglicher oder erfahrbarer Referenzialisierungsvorgänge zeigt sich, was Referenzialisierbarkeit ist. So wie das Fernsehen als Medium erst durch die Vielzahl einzelner Sendeformate zum Vorschein gebracht wird, zeigt sich Referenzialisierbarkeit erst durch die Vielzahl möglicher Verweise auf Tatsachen der realen Realität.

7. Modulation der Kopplungsfestigkeit im Medium Referenzialisierbarkeit

Erst als Medium gedacht, lässt Referenzialisierbarkeit deutlich werden, dass unterschiedliche Referenzialisierungsvorgänge auch unterschiedliche Grade an Kopplungsfestigkeit zwischen realer und fiktionaler Realität aufweisen können. Innerhalb von Referenzialisierbarkeit als Medium ist die Kopplungsfestigkeit eine modulierbare Größe. Sie kann zwischen stark und schwach variieren. In der

61 Vgl. *Luhmann,* Die Kunst der Gesellschaft, S. 165 ff., vgl. auch *ders.,* Schriften zu Kunst und Literatur, S. 123 ff.

62 „Bestimmte Medien und Formen verwenden dieselben Elemente, unterscheiden sich aber unter dem Gesichtspunkt der losen bzw. festen Kopplung.“, Der Begriff des Mediums „soll den Fall loser Kopplung von Elementen bezeichnen. [...] Medien sind „nur an der Kontingenz der Formbildungen erkennbar [sind], die sie ermöglichen.“, *Luhmann,* Die Kunst der Gesellschaft, S. 167 f.

Bewertung der letztendlich nur im Einzelfall feststellbaren Gefährlichkeit von *Gefährlichem Stoff* wird es also mitentscheidend auf die Frage ankommen, wie fest Person und Figur miteinander gekoppelt sind.

II. Analyse

Mit Hilfe des bis hierher erarbeiteten begrifflichen Arrangements[63] können wir uns nun an die analytische Rekonstruktion und Reformulierung der Abwägungsregel in ihrer schon bekannten „Je-desto"-Struktur begeben. Die Abwägungsregel, die das BVerfG im Fall „Esra" als Leitsatz aufstellt, lautet wie folgt:

> „Zwischen dem Maß, in dem der Autor eine von der Wirklichkeit abgelöste ästhetische Realität schafft, und der Intensität der Verletzung des Persönlichkeitsrechts besteht eine Wechselbeziehung. Je stärker Abbild und Urbild übereinstimmen, desto schwerer wiegt die Beeinträchtigung des Persönlichkeitsrechts. Je mehr die künstlerische Darstellung besonders geschützte Dimensionen des Persönlichkeitsrechts berührt, desto stärker muss die Fiktionalisierung sein, um eine Persönlichkeitsrechtsverletzung auszuschließen."[64]

Erzähltes, das unter der Hypothese seiner Faktualität Persönlichkeitsrechtsverletzungen hervorriefe – *Gefährlicher Stoff* – ist im Roman also nur zulässig, wenn die Realitätsreferenz des Erzählten ausreichend abgeschwächt ist. Diese Abschwächung bezeichnet das BVerfG mit dem Begriff der „Fiktionalisierung", auf den es vorbereitend zunächst mit dem Begriff der von der Wirklichkeit abgelösten „ästhetischen Realität", dann mit einer Urbild/Abbild-Differenz hinführt. Die für abwägungsleitende Normprogramme strukturierende „Je-Desto"-Form erlangt die Regel, indem ihre zentralen Begriffe nicht binär, sondern als Skalenbegriffe formuliert sind. Was mit Fiktionalisierung aber genau gemeint ist, lässt sich aus der „Je-desto"-Formel nicht ohne weiteres erkennen. Fiktionalisierung könnte

---

63 Das Arrangement ist freilich schon mit Blick auf die in der „Esra"-Entscheidung angelegte Konstruktion gewählt und daher nicht willkürlich. Aus Gründen der Verstehbarkeit ist es eigens vorangestellt worden. Der mögliche Einwand, die nun folgende Analyse sei durch die Wahl willkürlicher Begriffe determiniert, ist falsch: Die vorliegende Arbeit hat bereits im ersten Kapitel einen Blick auf die „Esra"-Entscheidung geworfen. Durch diesen Vorverständnis prägenden Blick war der Bezirk wählbarer Begriffe bereits präformiert. Das Begriffsarrangement soll ein Konzept schärfen, das in der „Esra"-Entscheidung des BVerfG bereits angelegt ist. Darin unterscheidet es sich von Ansätzen, die die „Esra"-Entscheidung durch Literaturtheorie *ersetzen.* Solche Ansätze müssen ihr Begriffsarrangement freilich näher begründen. Da in der Fiktionstheorie aber auch so gut wie nichts unumstritten sein dürfte, erscheinen solche Projekte wenig aussichtsreich. Eine Entscheidungswissenschaft, wie sie die Rechtswissenschaft ist, hat es da leichter: Das BVerfG hilft bei der Wahl der literaturtheoretischen Perspektive mit, indem es versucht, diejenige auszuwählen, die von den entscheidungserheblichen Rechtsnormen angesprochen ist.

64 BVerfGE 119, 1 (30) = NJW 2008, 39 (42).

einen Prozess meinen, etwa die Transformation von Gegenständen der realen Realität in die fiktive Realität oder – diese Transformation schon vorausgesetzt – könnte sie auch die Dissimulation, wie überhaupt alle Verfremdungsprozesse meinen. Oder soll Fiktionalität hier als quantifizierbare Eigenschaft eines Textes zu verstehen sein oder schließlich ganz allgemein als modulierbares Verhältnis eines Textes zur realen Realität? Hier kommt die isolierte Beobachtung der Abwägungsregel nicht weiter. Die zu ihr hinführenden Leitunterscheidungen müssen in die Beobachtung einbezogen werden.

1. Leitsatzkonstruktion

Die Abwägungsregelkonstruktion des BVerfG vollzieht sich in zwei Schritten, denen sich zwei Leitdifferenzen zuordnen lassen. Im ersten Schritt wird danach unterschieden, ob eine reale Person im Roman erkennbar ist oder nicht, in einem zweiten Schritt danach, welche Schäden diese Erkennbarkeit nach sich zieht.

a) Erkennbarkeit

Erkennbarkeit als primäre Leitdifferenz verlangt keine Identität einer Person der realen Realität mit einer Person der fiktiven Realität. Für Erkennbarkeit im Sinne des BVerfG ist es genügend, wenn zwischen *Person und Figur* – wie wir die Unterscheidung zwischen Personen der realen und Personen der fiktiven Realität abgekürzt haben – nur das Verhältnis von Vorlage und Bearbeitung besteht:

> „Die Klägerinnen des Ausgangsverfahrens sind in ihrem Persönlichkeitsrecht betroffen. Voraussetzung dafür ist, dass sie als Vorbilder der Romanfiguren erkennbar sind, ohne dass diese Erkennbarkeit allein bereits eine Persönlichkeitsrechtsverletzung bedeutet.“[65]

Ein Verhältnis, das aus dem Urheberrecht als Recht der Bearbeitung (§ 23 UrhG) bekannt ist. Eine Bearbeitung wird im Urheberrecht angenommen, wenn der Urheber bei seiner Werkschöpfung auf fremde Schöpfungen zurückgreift und die eigenschöpferischen Züge des Urwerks in der Umgestaltung noch erkennbar bleiben; im Unterschied dazu liegt eine freie Benutzung (§ 24 UrhG) des Urwerks vor, wenn das neue Werk einen Abstand zum Urwerk einnimmt, der die eigenpersönlichen Züge des Urwerks verblassen lässt: Je auffallender die Eigenart des benutzten Werkes ist, desto größer muss der Abstand zum Urwerk, desto stärker muss die Individualität des neuen Werkes sein[66]. Diese aus dem Urheberrecht bekannte Unter-

---

65 BVerfGE 119, 1 (24) = NJW 2008, 39 (41).

66 BGH GRUR 1958,500(502); 1991,533(534), Loewenheim, in: *Schricker,* Urheberrecht Kommentar, § 23, Rn. 10 ff.

scheidung von Urwerk und Neuschöpfung ist in der Leitsatzkonkretisierungsarbeit des BVerfG aus ihrem privatrechtlichen „Werk-zu-Werk"-Kontext herausgehoben und in den persönlichkeitsrechtlichen „Person-zu-Figur"-Kontext übertragen: Für Erkennbarkeit verlangt es keine realitätsgetreue Abbildung nach dem Beobachtungsschema für Persönlichkeitsrechtsverletzungen in den Massenmedien. Vielmehr ist Erkennbarkeit einschränkend als Erkennbarkeit der Person *als Vorlage* für die Figur formuliert[67]. Für eine Erkennbarkeit als Vorlage verlangt das Gericht, dass sie sich dem mit den Umständen vertrauten Leserkreis ohne Anwendung literaturkritischer Analyseverfahren aufdrängt, was regelmäßig eine hohe Kumulation von Identifizierungsmerkmalen voraussetze[68]. Als Leserkreis soll wegen dessen persönlichkeitsrechtlicher Sensibilität auch ein „mehr oder minder großer Bekanntenkreis" genügen[69].

Mit der primären Leitdifferenz der Erkennbarkeit hat das BVerfG den grundrechtsnormprogrammatischen Prüfungspunkt der Feststellung eines Grundrechtseingriffs vollzogen. Erkennbarkeit einer Person als Vorlage für eine Figur stellt nach Ansicht des BVerfG einen Grundrechtseingriff dar. Der ausdrückliche Hinweis darauf, dass die Betroffenheit des Persönlichkeitsrechts durch Erkennbarkeit als Vorlage noch keine Grundrechtsverletzung bedeute[70], erlaubt die grundrechtsdogmatische Verortung des Erkennbarkeitskriteriums als doppelfunktionales Merkmal der Schutzbereichseröffnung und des Schutzbereichseingriffs.

b) Schädlichkeit der Erkennbarkeit

Mit seiner sekundären, zur Entscheidungsnorm hinführenden Leitdifferenz unterscheidet das BVerfG nach dem Ausmaß der Schädlichkeit von Erkennbarkeit:

> „Die Schwere der Beeinträchtigung des Persönlichkeitsrechts hängt dabei sowohl davon ab, in welchem Maß der Künstler es dem Leser nahe legt, den Inhalt seines Werks auf wirkliche Personen zu beziehen, wie von der Intensität der Persönlichkeitsbeeinträchtigung, wenn der Leser diesen Bezug herstellt."[71]

Dazu werden zwei Faktoren eingeführt, von denen die Schädlichkeit im Einzelfall abhängen soll. Erstens die Beschaffenheit des Realitätsbezugs in seiner konkreten Art und Weise, zweitens der Werkinhalt, der zum Gegenstand des

---

67 *v. Becker,* Fiktion und Wirklichkeit im Roman, S. 69 ff., macht auf die Differenz von Identität und Ähnlichkeit aufmerksam. Auch darauf, dass zwischen Fiktion und Wirklichkeit keine Identität bestehen kann. Sein Ähnlichkeitsbegriff geht im hier vertretenen Begriff der Referenzialisierbarkeit auf.

68 BVerfGE 119, 1 (26) = NJW 2008, 39 (41).

69 BVerfGE 119, 1 (25) = NJW 2008, 39 (41).

70 BVerfGE 119, 1 (25) = NJW 2008, 39 (41).

71 BVerfGE 119, 1 (27) = NJW 2008, 39 (42).

Bezugs wird. Je größer die Schädlichkeit des Bezugs, und je schädlicher der über diesen Bezug zur realen Person hin bezogene Gegenstand, desto schwerer wiegt der Eingriff in das Persönlichkeitsrecht. Erst über die Einführung dieser beiden Schädlichkeitsfaktoren zeigt sich, worin der Grundrechtseingriff durch Erkennbarkeit bestehen soll, nämlich in der Möglichkeit, den „Inhalt eines Werks auf wirkliche Personen" zu beziehen. Die sekundäre Leitunterscheidung nach der Schwere des Eingriffs konkretisiert die primäre Leitunterscheidung, auf der sie aufbaut. Erkennbarkeit als Vorlage eines Romans bedeutet demnach *Referenzialisierbarkeit* einer Person durch eine auf sie verweisende Figur. Die beiden Eingriffsschwerefaktoren sind als Faktoren der Schädlichkeit von Referenzialisierbarkeit zu begreifen.

aa) Schädlichkeit referenzierbarer Gegenstände: Gefährlicher Stoff

Das Erzählte als Werkinhalt in der Abwägung zwischen Kunstfreiheit und Persönlichkeitsrecht hatten wir schon in der ersten Beobachtung des Abwägungsleitsatzes kennengelernt: Erzähltes, das unter der Hypothese seiner Faktualität Persönlichkeitsrechtsverletzungen hervorriefe, ist im Roman nur zulässig, wenn die Realitätsreferenz hinreichend abgeschwächt ist. Um Erzählungen dieser Art, deren Referenz zur realen Realität unbestimmt ist, sprachlich für den weiteren Transport besser verfügbar zu machen, haben wir oben den Begriff *„Gefährlicher Stoff"* eingeführt. Je gefährlicher der Stoff, desto schädlicher ist er für das Allgemeine Persönlichkeitsrecht.

bb) Schädlichkeit der konkreten Referenzialisierungsform im Medium Referenzialisierbarkeit

Wir haben gesehen, dass Referenzialisierbarkeit das Medium ist, innerhalb dessen sich der Prozess der Referenzialisierung in einer bestimmten Form so-und-so fester Kopplung von Figur und Person abspielt. Innerhalb dieses Mediums lassen sich seine Formulierungen, also die im Medium prozessierten Kopplungen von Figur und Person, zwischen fest und locker modulieren. Das BVerfG ist sich dessen bewusst, wenn es als Schädlichkeitsfaktor von Referenzialisierbarkeit auf das „Maß" abstellt, in dem es nahe liegt, den Inhalt eines Werks auf wirkliche Personen zu beziehen. War eben noch fraglich, was genau mit dem in der Abwägungsnorm enthaltenen Merkmal der Fiktionalisierung zu verstehen sein soll, liefert uns die Analyse der zum Abwägungsleitsatz hinführenden Leitunterscheidungen nun die Antwort: Die Entscheidung begreift Fiktionalität als problematisches Verhältnis zur Realität, dessen Problematizität es aus der Modulierbarkeit der Kopplungen innerhalb ihres Realitätsbezugs erhält. Fiktionalisierung im

Sinne der Abwägungsformel meint den stufenlos für möglich gehaltenen Vorgang der Kopplungslockerung zwischen Figur und Person im Referenzialisierung vollziehenden Medium Referenzialisierbarkeit[72]. Nach alldem lässt sich schließlich das Ergebnis der verfassungsgerichtlichen Entscheidungsnormkonstruktion reformulieren:

Liegt Gefährlicher Stoff vor, dürfen die Kopplungen zwischen Figuren und Personen im Medium Referenzialisierbarkeit nicht unverhältnismäßig fest sein. Sind die Kopplungen fest, darf der referenzialisierbare Stoff nicht unverhältnismäßig gefährlich sein.

2. Leitsatzkonkretisierung: Bestimmung der Faktoren der Kopplungsfestigkeit

Das Begründungszentrum der „Esra"-Entscheidung ist nun erarbeitet. Durch sein hoch gewähltes Abstraktionsniveau stellt sich die Frage, ob es die ihm methodisch-funktional zugewiesene Aufgabe erfüllen kann, Begründung und Fallentscheidung rational miteinander zu verbinden. Denn der Weg bis zur Fallentscheidung ist noch weit. Die Abwägungsnorm abstrahiert nicht nur vom konkreten Fall, sondern auch von konkreten Falltypen. So entstehen bei der Anwendung enorme Spielräume, deren Ausfüllung methodisch diszipliniert ablaufen muss. Das gilt vor allem für das stark konkretisierungsbedürftige Merkmal der Kopplungsfestigkeit. Es kann die Abwägung nur tragen, wenn die Faktoren der Kopplungsfestigkeit feststehen. Dieses Problem der Abwägungsnormkonkretisierung gibt die Perspektive vor, von der aus nun die Entscheidungsbegründung des BVerfG beobachtet werden muss. Während sich die Prüfung, ob *Gefährlicher Stoff* vorliegt, im unproblematischen Rahmen des juristischen Normalfalls hält, bildet die Frage der Kopplungsfestigkeit im Medium Referenzialisierbarkeit den rahmensprengenden Teil des persönlichkeitsrechtlichen Sonderfalls „Esra". Um bestimmen zu können, wie fest die Kopplung im Einzelfall ist, müssen zunächst die für die Kopplung tatsächlich relevanten Faktoren eingeführt werden. Zu diesem Zweck beginnt das BVerfG mit einer kurzen werktheoretischen Propädeutik über Kunst als Produzentin ihrer eigenen Realität:

72 Diese Modulierbarkeit der Kopplungsfestigkeit wird von den Extrempositionen der Sondervoten geleugnet. Sie leugnen damit Referenzialisierbarkeit insgesamt, weil sie Referenzialisierung als falsche Lesart für Romane ansehen. Lesbarkeit bleibt aber auch dann Lesbarkeit, wenn man sie als fehlerhaft verurteilt. Referenzialisierbarkeit lässt sich nicht mit Leseanleitungen und Interpretationsverboten vermeiden.

„Ein Kunstwerk strebt eine gegenüber der „realen" Wirklichkeit verselbständigte „wirklichere Wirklichkeit" an, in der die reale Wirklichkeit auf der ästhetischen Ebene in einem neuen Verhältnis zum Individuum bewusster erfahren wird. Die künstlerische Darstellung kann deshalb nicht am Maßstab der Welt der Realität, sondern nur an einem kunstspezifischen, ästhetischen Maßstab gemessen werden."[73]

Das Gericht reformuliert für diese Propädeutik die Unterscheidung zwischen realer Realität und fiktionaler Realität. Auf dieser Grundlage kann es die Anschlussunterscheidung von Person und Figur machen. Erst mit dieser Differenz ist die Möglichkeit von Kopplung eröffnet – ohne Differenz keine Kopplung. Dass es in den Beobachtungen der „Esra"-Entscheidung von nun an auf die Kopplung zwischen Figur und Person ankommen soll, folgt daraus, dass das Gericht diese Form der Beobachtung eigens bezeichnet: Es nennt sie „kunstspezifische Betrachtung". Weil es damit Kunst als spezielle Form des Mediums Referenzialisierbarkeit[74] expliziert, bleibt zweierlei zu zeigen: Erstens, wie innerhalb dieser Form Figur und Person kunstspezifisch gekoppelt sind. Zweitens, wie sich innerhalb der Form Kunst dann die Sonderform Roman mit ihren romanspezifischen Kopplungen herausdifferenziert. Die als kunstspezifische Betrachtung ausgegebene Beobachtung muss auf die Romanform hin verengt werden. Sie wird dann zur romanspezifischen Beobachtung der Kopplung von Figur und Person im Roman, die, über die Form Kunst vermittelt, als Sonderform des Mediums Referenzialisierbarkeit zum Vorschein kommt. Die verschiedenen Formen von Referenzialisierbarkeit zeigen jeweils verschiedene Modulationsstufen der Kopplung von Figur und Person. Kunstmodulation, Literaturmodulation und Romanmodulation sind auf ihre Kopplungsfestigkeit hin zu untersuchen.

a) Kunstspezifische Modulation

Bei der kunstspezifischen Modulation, der ersten Stufe festerer Vorformungen der Kopplung von realer Realität und fiktionaler Realität, bleibt die Entscheidungsbegründung im Fall „Esra" zum ersten Mal etwas schuldig. Sie erklärt zwar, dass Kunst ihre eigene, von der realen Realität verschiedene, fiktionale Realität herstellt und insofern im Medium Referenzialisierbarkeit operiert. Doch steht Kunst neben anderen Medien, in denen ebenfalls die Einheit der Differenz von realer und fiktionaler Realität im Medium Referenzialisierbarkeit prozessiert wird. So z.B. im Computerspiel. Daher muss gezeigt werden, *wie* Kunst durch Kopplung von realer mit fiktionaler Realität ihre eigene Referenzialisierbarkeit

73 BVerfGE 119, 1 (28) = NJW 2008, 39 (42).

74 Kunst steht daher neben anderen Medien, in denen die Einheit der Differenz von realer und fiktionaler Realität prozessiert wird, die also auf Referenzialisierbarkeit zurückgreifen. So etwa das Computerspiel. Im Verhältnis zur Referenzialisierbarkeit als Medium fungieren sie als Form.

erzeugt. Der Hinweis auf die bloße Existenz einer kunstspezifischen Modulation ohne die Erklärung deren Funktionsweise, entzieht der abwägungsleitenden Kopplungsbestimmung aus dem Begriff der Erkennbarkeit (Referenzialisierbarkeit) eine Ableitungsstufe.

b) Literatur- und romanspezifische Modulation

Die Stufe kunstspezifischer Modulation überspringend, steigt das Gericht auf der Stufe literaturspezifischer Modulation wieder ein:

> „Die Gewährleistung der Kunstfreiheit verlangt, den Leser eines literarischen Werks für mündig zu halten, dieses von einer Meinungsäußerung zu unterscheiden und zwischen der Schilderung tatsächlicher Gegebenheiten und einer fiktiven Erzählung zu differenzieren. Ein literarisches Werk, das sich als Roman ausweist, ist daher erst einmal als Fiktion anzusehen, das keinen Faktizitätsanspruch erhebt [...] Diese Vermutung gilt im Ausgangspunkt auch dann, wenn hinter den Romanfiguren reale Personen als Urbilder erkennbar sind. Da die Kunstfreiheit eine derartige Verwendung von Vorbildern in der Lebenswirklichkeit einschließt, kann es auch kein parallel zum Recht am eigenen Bild verstandenes Recht am eigenen Lebensbild geben, wenn dies als Recht verstanden würde, nicht zum Vorbild einer Romanfigur zu werden. Dabei muss es sich bei der in Rede stehenden Publikation allerdings tatsächlich um Literatur handeln, die für den Leser erkennbar keinen Faktizitätsanspruch erhebt.“[75]

Diese Ausführungen des BVerfG zur literaturspezifischen Modulation leiden darunter, dass sie als normative, statt als empirische Prämissen formuliert sind. Ihr pessimistischer Leserbegriff unterstellt, die literaturgemäße Werkrezeption könne regelmäßig am Unvermögen scheitern, eine dem Text immanente Eigenschaft der Fiktionalität zutreffend zu interpretieren. Dass der Text diese Eigenschaft erst durch seinen kulturhistorisch ausdifferenzierten kommunikativen Gebrauch erlangt hat, einem Gebrauch, an dem neben Autor, Text und Kontext immer auch der Leser beteiligt ist[76], wird bei dieser Betrachtung ausgeblendet. Mit dem unmündigen Leser, der eine juristische Fiktion der Mündigkeit erforderlich werden lässt, hätte es die Schriftsprache vielleicht gar nicht bis zum Roman geschafft. Denn „(w)er die *Sätze der Blechtrommel* als die Erinnerungen einer realen Person versteht, nach Oskars Geburtshaus in einer Straße mit dem historischen Namen Labesweg in Danzig sucht und Oskars Erzählung als ganzes oder auch nur in Teilen [...] auf ihre historische Wahrhaftigkeit hin überprüft, verwechselt die Geschäftsgrundlage und liest einen Roman nach den pragmatischen Regeln einer realen Biographie. Wer sich aber in keiner Hinsicht die Existenz eines Trommlers Oskar und die Echtheit seiner Erzählung vorstellt, kommt nicht

---

75 BVerfGE 119, 1 (28 f.) = NJW 2008, 39 (42).

76 *Jahraus,* Literaturtheorie, S. 23 ff.

ins Spiel und bringt sich selbst um sein Lesevergnügen."[77] Wer das Spiel des Romans mit den Möglichkeiten der Fiktion nicht durchschaut, wird keinen Spaß an der Lektüre haben und seine Zeit auf andere Dinge verwenden. Fiktionalität wird durch den Leser selbst miterzeugt. Eine juristische Fiktion des mündigen Lesers ist also nicht erforderlich[78].

Davon abgesehen trifft das BVerfG jedoch durchaus den Kern literatur- und romanspezifischer Modulation: Den fehlenden *Anspruch* auf Referenzialisierbarkeit[79], dessen Fehlen es bei der Wahrnehmung der referenzialisierbaren Gegenstände ermöglicht, von ihrer Referenzialisierbarkeit abzusehen[80]. Wer miteinander spielende Kinder im Kindergartenalter beobachtet, weiß, wie man einen Faktizitätsanspruch suspendiert: Man muss „Aber nur im Spiel!" sagen. Auf das „Nur-im-Spiel" kommt es an. Es steht für die Täuschung, die als *durchschaute Täuschung*[81] vom Roman beabsichtigt und vom Leser verstanden wird. Die spezifische Art und Weise, in der Literatur auf Referenzialisierbarkeit zugreift, besteht im kategorischen Dementi, einen unmittelbaren Anspruch auf Referenzialisierbarkeit zu erheben[82]. Hierin besteht eine der Möglichkeiten von Kunst, ihre möglichen Neigungen zur Verletzung des Allgemeinen Persönlichkeitsrechts zu kontrollieren[83]. Wie dies für unterschiedliche Romantypen, vom Historischen bis hin zum Schlüsselroman unterschiedlich geschieht, lässt das Gericht offen. Dabei scheint die These überlegenswert, der historisch-biographische Roman suspendiere seine Referenzialisierbarkeitsansprüche nur hinsichtlich der nichtbiographisch referenzialisierbaren Elemente, der Schlüsselroman nur hinsichtlich seiner nicht lösbaren Rätselelemente, während es bei den übrigen Romanformen beim umfassenden Anspruchsverzicht bleibt, usw.

---

77 *Martinez/Scheffel,* Einführung in die Erzähltheorie, S. 15.

78 Nur wer meint, zwischen Fiktion und Wirklichkeit bestünden absolut keine kommunikativen Beziehungen, ist auf eine solche Fiktion des mündigen Lesers angewiesen. Aus unserer Sicht besteht Mündigkeit jedoch nur darin zu sehen, dass fiktionale und reale Realität als grundsätzlich füreinander unzugängliche Welten gleichwohl kommunikative Kopplungen zulassen. Diese Kopplungen finden im Medium Referenzialisierbarkeit statt. Der Leser, der also nicht nach einem echten Oskar, sondern nach seiner Vorlage Ausschau hält, ist deswegen mündig, weil er Referenzialisierbarkeit, mithin eine die Fiktion/Wirklichkeit-Differenz konstituierende Texteigenschaft erkannt hat.

79 Das Gericht spricht vom Fehlen des Faktizitätsanspruchs, was aber dasselbe bedeutet.

80 *Steinhauer,* Regel und Fiktion, S. 15 ff. nennt diesen Vorgang Aufmerksamkeitswechsel.

81 *Luhmann,* Die Kunst der Gesellschaft, S. 177.

82 *Gabriel,* Fiktion und Wahrheit, S. 28.

83 Diese Möglichkeiten sind struktureller Natur. Wir werden diesen Gedanken im vierten Kapitel innerhalb einer Theorie der *normbereichsspezifischen Innenräumlichkeit der Kunstfreiheit* weiterzuentwickeln haben.

Obwohl es die Möglichkeit des als „Roman etikettierte(n) bloße(n) Sachbericht(s)“ erkennt, äußert es sich umgekehrt aber auch nicht zu den Bedingungen, unter denen die „Vermutung für die Fiktionalität eines literarischen Textes“ als Voraussetzung für „kunstspezifische Betrachtung“ widerlegt ist; wann also der Text sein Medium verlässt, die Kopplung von Figur und Person zur Einheit verschmilzt und von nun an bei der Lektüre nicht mehr von Referenzialisierbarkeit abgesehen werden muss, weil der Text durch seine Umformatierung plötzlich mit dem Medium Referenzialisierbarkeit gar nicht mehr kompatibel ist. Wie diese Umformatierung vonstatten geht, dafür gibt der „Esra“-Prozess womöglich selbst ein Beispiel: Durch Kommunikation über die Zugehörigkeit eines Textes zu seinem Medium.

3. Leitsatzanwendung: Gleichschaltung von Figur und Person

Das BVerfG kann also nach dem Gesagten auf einen vorformulierten Bestand an Kopplungen von Figur und Person im Medium Referenzialisierbarkeit zurückgreifen. Sowohl kunst- als auch romanspezifische Modulationen stehen der Abwägung als Faktoren zur Verfügung. Und in der Tat hat es zunächst den Anschein, als bestimmte das Gericht abschließend nur noch den genauen Grad der Kopplung zwischen den Romanfiguren und den beiden Klägerinnen des Ausgangsverfahrens. Mit erzähltheoretischer Sorgfalt achtet es darauf, welche Distanz zwischen Erzählung und Erzähltem durch die Art und Weise der Erzählung entsteht:

> „Die Figur *Lale* spielt eine wichtige Rolle im Gesamtgefüge des Romans bei der Suche nach der Schuld für das Scheitern der Beziehung zwischen *Adam* und *Esra*. Der Roman gleitet hinsichtlich der Kl. zu 2 wegen dieser Funktionalisierung nicht in eine Schmähung ab. [...] Gerade auch dieses Stellen der Schuldfrage unter besonderer Hervorhebung des schwierigen Verhältnisses zwischen einem Liebhaber und der Mutter der Geliebten zeigt die Existenz einer zweiten Ebene des Romans. Das gilt hinsichtlich der Figur der *Lale* auch deshalb, weil der Autor sie anders als *Esra* ganz überwiegend nicht aus eigenem Erleben schildert. Die Lebensgeschichte der *Lale* ist ein breit ausgemalter Roman im Roman. Gerade die von der Kl. zu 2 angegriffenen Inhalte des Romans sind deutlich erzählerisch, zum Teil auch mit Distanz nur als Wiedergabe fremder Erzählungen, Gerüchte und Eindrücke geschildert.“[84]

Der distanzierte Erzählmodus gibt folglich in Verbindung mit den allgemeinen Kopplungslockerungen der kunst- und romanspezifischen Modulation den Ausschlag dafür, dass die Urteilsverfassungsbeschwerde gegen das Romanverbot des BGH hinsichtlich einer Grundrechtsverletzung der Mutter von *Billers* ehemaliger Freundin Erfolg hatte. Doch sobald es an die Begründung der Grundrechtsverlet-

84 BVerfGE 119, 1 (31 f.) = NJW 2008, 39 (43).

zung der ehemaligen Freundin geht, spielt die Frage nach dem Erzählmodus nur noch eine Nebenrolle:

> „Die Kl. zu 1 ist nicht nur, wie die Gerichte zutreffend festgestellt haben, in der Romanfigur der *Esra* erkennbar dargestellt. Ihre Rolle im Roman betrifft auch zentrale Ereignisse, die unmittelbar zwischen ihr und dem Ich-Erzähler, der seinerseits unschwer als der Autor zu erkennen ist, und während deren Beziehung stattgefunden haben. Sowohl ihre intime Beziehung zum Autor wie ihre Ehe, die Krankheit ihrer Tochter und ihre neue Beziehung sind nach den zutreffenden Feststellungen der Gerichte mehr oder weniger unmittelbar der Wirklichkeit entnommen, so dass dem Leser anders als bei der Kl. zu 2 nicht nahegelegt wird, diese Geschehnisse als Fiktion zu verstehen, auch weil schon aus der Perspektive des Romans eigenes Erleben des Ich-Erzählers geschildert wird. Gerade durch die aus vom Autor unmittelbar Erlebtem stammende, realistische und detaillierte Erzählung der Geschehnisse wird das Persönlichkeitsrecht der Kl. zu 1 besonders schwer betroffen. Dies geschieht insbesondere durch die genaue Schilderung intimster Details einer Person, die deutlich als tatsächliche Intimpartnerin des Autors erkennbar ist. Hierin liegt eine Verletzung ihrer Intimsphäre und damit eines Bereichs des Persönlichkeitsrechts, der zu dessen Menschenwürdekern gehört. Auf diesem Gebiet sind weder ihr noch dem Autor Wahrheitsbeweise möglich oder auch nur zumutbar. Die eindeutig als *Esra* erkennbar gemachte Kl. zu 1 muss auf Grund des überragend bedeutenden Schutzes der Intimsphäre nicht hinnehmen, dass sich Leser die durch den Roman nahegelegte Frage stellen, ob sich die dort berichteten Geschehnisse auch in der Realität zugetragen haben. Daher fällt die Abwägung zwischen der Kunstfreiheit des die Verfassungsbeschwerde führenden Verlags und des Persönlichkeitsrechts der Kl. zu 1 zu deren Gunsten aus."[85]

Die Entscheidung zugunsten des Persönlichkeitsrechts der Kl. zu 1 beruht auf einer weder eingeführten noch begründeten Gleichsetzung der Begriffe „Erkennbarkeit" und „Erkennbarkeit als Vorlage". Während die Abwägungsnorm inklusive ihrer argumentativen Herleitung auf einem Konzept der Referenzialisierbarkeit aufbaut, führt die Anwendung der Abwägungsnorm dieses, ihr eigenes Konzept ad absurdum. Was eben noch Erkennbarkeit als Vorlage war, soll nun in der Identität von Figur und Person aufgehen. Der Ich-Erzähler soll plötzlich „unschwer als der Autor", die Figur *Esra* „deutlich als tatsächliche Intimpartnerin des Autors erkennbar" sein. Das Gericht argumentiert, als gäbe es zwischen fiktionaler Realität und realer Realität hinsichtlich der Figur Esra keinen Unterschied mehr. Unter dieser Prämisse der Gleichschaltung von Figur und Person kann dann freilich auch leicht von einer „Rolle" gesprochen werden, die die ehemalige Freundin *Billers* angeblich im Roman spielen muss. Denn erst wenn die Identität von Figur und Person feststeht, kann von einer „Rolle" gesprochen werden, die jemand nicht spielen will oder die jemandem nicht zugemutet werden kann.

Das ist ein offener Bruch mit den Prämissen des Leitsatzes, unter den die Abwägung zu subsumieren vorgibt. Eine solche *petitio principii* schleust auf der

85 BVerfGE 119, 1 (33 f.) = NJW 2008, 39 (43 f.).

Ebene des Untersatzes heimlich neue Prämissen ein, so dass das Argument nicht mehr zur Prämisse passt. Das heimliche Unterstellen der Identität zwischen Figur und Person ist ein im Verhältnis zur Abwägungsnorm inadäquates, mithin unzulässiges Argument. Denn die Abwägungsnorm geht davon aus, dass Romanfiguren auch dann nicht mit Personen der realen Realität identisch sind, wenn eine derartig „hohe Kumulation von Identifizierungsmerkmalen" vorliegt, die zur festen Kopplung zwischen Figur und Person führt. Reale Realität und fiktionale Realität sind auf der Ebene der Entscheidungsgrundlagen getrennte Welten, zwischen denen Kopplungen bestehen. Denn gekoppelt kann nur sein, was auch unterschieden werden kann. Mit der untergeschobenen Prämisse von der Identität wird dieses Konzept der Differenz gesprengt. Weil das Gericht weder eine Ausnahme von der kunstspezifischen Betrachtung macht, noch Anzeichen für ein partielles Abrücken des Textes von der Suspension seiner Referenzialisierungsansprüche nennt, sprengt die Unterstellung der Identität von Figur und Person den argumentativen Rahmen der Abwägungsnorm. Dass dieser methodisch-rechtsstaatlich kritische Bruch der Entscheidung mit ihren Entscheidungsgrundlagen im Senat mehrheitlich akzeptiert worden ist, könnte einem kleinen Zusatz zu verdanken sein, der die Argumentation wieder etwas mit den Prämissen der Abwägungsnorm versöhnt:

> „Die eindeutig als *Esra* erkennbar gemachte Kl. zu 1 muss aufgrund des überragenden Schutzes der Intimsphäre nicht hinnehmen, dass sich Leser die durch den Roman nahegelegte Frage stellen, ob sich die dort berichteten Geschehnisse auch in der Realität zugetragen haben."[86]

Diese Passage geht zwar immer noch von der Identität von Figur und Person aus. Weil sie aber wenigstens eine – wenn auch zweifelhafte[87] – Unterscheidung von Person und Handlung benutzt, wird für das Gericht die Frage nach der Faktizität des Erzählten virulent. Lässt sich diese Frage nicht klären, entspricht das der Struktur nach dem Problem, das sich ergibt, wenn sich die Identität von Figur und Person nicht klären lässt: Ist es eine Persönlichkeitsrechtsverletzung, wenn der Leser aus den zahlreichen Möglichkeiten, *Gefährlichen Stoff* zu interpretieren, die *Hypothese* der Faktizität auswählen kann? Hier müsste sich die Entscheidungsbegründung an den Rechtsnormen der Kunstfreiheit und des Allgemeinen Persönlichkeitsrechts rückversichern. Weil die Begründung des BVerfG aber hier endet, muss auch unsere Beobachtung hier enden und die Rückbindungsmöglichkeiten den nächsten beiden Kapiteln überlassen.

---

86 BVerfGE 119, 1 (34) = NJW 2008, 39 (44).

87 Eine solche Unterscheidung kann nur vornehmen, wer die Identität von Figur und Person annimmt. Ansonsten müsste die Handlung zur Bestimmung der Identität von Person und Figur mit herangezogen werden.

Kapitel 3: Dogmatisch-konstruktive Anreicherung des Allgemeinen Persönlichkeitsrechts: Herleitung einer Schutzbereichsdefinition

Da der hohe Abstraktionsgrad der „Je-Desto"-Formel des BVerfG im Fall „Esra" auch in Richtung der Grundrechte des Allgemeinen Persönlichkeitsrechts und der Kunstfreiheit wirkt, hätte sich ihre Zuspitzung auf die Abwägungsentscheidung permanent an den Programmen der zur Abwägung anstehenden Grundrechtsnormen rückversichern müssen. Der hohe Abstraktionsgrad des Abwägungsleitsatzes setzt also voraus, dass das Gericht auf einen grundrechtsdogmatisch hinreichend differenzierten, wechselseitig aufeinander bezogenen Bestand von Grundrechtsnormen aufbauen kann. Nur wenn die abstrakte Abwägungsnorm auf einen solch breiten Bestand zurückgreifen kann, ist der noch zu überbrückende Teilabschnitt zwischen Grundrecht und Fallentscheidung kurz genug, um die Abwägungsregelanwendung methodisch-rechtsstaatlich zu disziplinieren.

Dass es dem „Esra"-Beschluss des BVerfG an dieser Disziplin mangelt, hat sich bereits gezeigt. Überhaupt scheinen Mehrheits- und Minderheitsvoten die einschlägigen Grundrechte der Kunstfreiheit und des Allgemeinen Persönlichkeitsrechts völlig unterschiedlich aufeinander zuzurichten. In dem Maße, wie dies auf eine schlechte Justierung der juristischen Beobachtungsinstrumente schließen lässt, wird eine ganz grundlegende Fragestellung akut: Die nach der methodisch-rechtsstaatlich geforderten Entwicklungsstufe partikulardogmatischer Ausdifferenzierung beider Grundrechte. Kann das BVerfG auf dem Stand seiner Bereichsdogmatik zum Allgemeinen Persönlichkeitsrecht aus Art. 1 Abs. 1 GG i.V.m. Art. 2 Abs. 1 GG und zur Kunstfreiheit aus Art. 5 Abs. 3 S. 1 GG überhaupt zu tragfähigen Ergebnissen gelangen?

Während Gerichte dazu neigen, sich mit dem Argument der gerechten Einzelfallentscheidung möglichst große Entscheidungsfreiräume offen zu halten, verlangt die methodisch rückversicherte juristische Praxis einen Standard normkonstruktiver Differenzierung, der den von der Norm angepeilten Normbereich[88]

88 Von der Unterscheidung von Normbereich und Normprogramm als Bestandteile eines einheitlichen Normbegriffs wird in im dritten Kapitel noch ausführlich die Rede sein. Bis hierher kann

vollständig erschließt, ohne ihn durch eine Überdifferenzierung wieder zu verschließen[89]. Die beobachtend-konstruktive Arbeit an der dogmatischen Ausdifferenzierung von Persönlichkeitsrecht und Kunstfreiheit soll kein Projekt sein, das die Grundrechte von ihrem Untersuchungsanlass ablöst. Die partikulardogmatischen Beobachtungen reichen gerade so weit, wie es der Falltyp „Esra" zu seiner rational kontrollierbaren Lösung verlangt[90].

Für das Allgemeine Persönlichkeitsrecht heißt das, nach der Reichweite seines Schutzbereichs zu fragen. Der Abwägungsleitsatz des BVerfG im Fall „Esra" gab noch vor, das Schutzbereichsproblem formal über eine Analogie zum unproblematischen Normalfall lösen zu können: Wegen der Ähnlichkeit zwischen der Kommunikation über eine Person und der Kommunikation über eine Figur, die Kopplungen zu einer Person aufweist, sollte der Sachverhalt nach den unproblematischen Regeln über die Kommunikation über Personen zu lösen sein. In diesem Argument kommt – wie bei jeder Analogie – die Argumentationsfigur der

---

es mit dem Hinweis sein Bewenden haben, dass mit Normbereich derjenige Bereich der sozialen Wirklichkeit gemeint ist, auf den das im Normtext enthaltende Normprogramm abzielt.

89 Rechtsnormen bedürfen der juristischen Konstruktion. Dieser Befund bildet die methodische Basis, von der aus sich diese Arbeit ihrem Untersuchungsgegenstand nähert, von der aus ihre Beobachtungen formuliert sind. Wenn also fortan von Rechtsnormkonstruktion die Rede ist, dann ausdrücklich im Sinne einer nachpositivistischen Rechtswissenschaft, die unmittelbare Subsumierbarkeit ebenso wie eindeutige Auslegbarkeit von Rechtssätzen als praktisch uneinlösbare Ideale verworfen hat. Der Vorstellung von der Rechtsnorm, die im Gesetzestext je schon enthalten ist und vom Juristen nur noch durch Gesetzessyllogismus, -subsumtion oder -anwendung freigelegt zu werden braucht, leistet der Normtext ausnahmslos in jedem der Fälle Widerstand, die Juristen als problematisch zu nennen pflegen. Dieser Widerstand des Normtexts in der praktischen Rechtsarbeit zeigt, dass Rechtsnormen, wie sie in der Formaltechnik der Falllösung als Obersätze gebildet werden, nicht identisch sind mit den in Rechtssätzen formulierten Normtexten. Rechtsnormen sind nichts, was schon in Rechtssätzen vollzogen wäre und vom Juristen bloß nachvollzogen werden müsste – Juristen konstruieren Rechtsnormen. Daher können sie die Verantwortung für ihre Ergebnisse nicht in vollem Umfang auf das Gesetz schieben und sehen sich permanent der Gefahr dezisionistischer Beliebigkeit ihrer Entscheidungen ausgesetzt. Eine Gefahr, gegen die der Normtext allerdings ausreichend Widerstand leistet. Zusammen mit rechtsstaatlichen Normen wie Normklarheit, Methodenklarheit, Tatbestandsbestimmtheit, Übermaßverbot diszipliniert er den Prozess der Normkonstruktion. So ist der Rechtsarbeiter gehalten, Rechtsnormen mit Rechtssätzen durch rationale, methodisch geleitete Begründungen miteinander zu verbinden. Die Rechtsnorm verlangt stets nach rationalen und kontrollierbaren Ausgriffen auf die in Normtexten enthaltenen Sprachdaten. Rechtsnormen sind folglich das, was Juristen als Obersätze formulieren und dann Schritt für Schritt in Richtung der Fallentscheidung hin zur Entscheidungsnorm konkretisieren: Dieses theoretische Konzept der Rechtsnormkonstruktion entstammt – unverkennbar – der Methodenlehre *Müller/Christensen,* Juristische Methodik, S. 234 ff.

90 Wer einen ausführlichen Aufriss beider Grundrechte sucht, wird hier nicht fündig. Das vorliegende Kapitel ist in seinem Erkenntnisinteresse allein den pragmatischen Anforderungen der juristischen Fallentscheidung verpflichtet.

juristischen Fiktion zum Vorschein[91]: Obwohl der Tatbestand einer Norm nicht erfüllt ist, soll wegen der Vergleichbarkeit des Sachverhalts dennoch so getan werden, *als ob*[92] er erfüllt wäre. Um die Überzeugungskraft des Ähnlichkeitsarguments zu steigern, ist das BVerfG, wie wir gesehen haben, über sein Ziel hinausgeschossen: Weil es plötzlich die Identität von Figur und Person unterstellt hat, kam es auf die Überzeugungskraft der Analogie gar nicht mehr an. Der Zweifel, mit der Vergleichbarkeit von Kommunikation über Figuren und Kommunikation über Personen könnte es vielleicht doch nicht so weit her sein, hat das Gericht sein Analogieargument vergessen lassen. Weil die Analogie, die Übertragung einer Form der Beobachtung auf einen anderen Beobachtungsgegenstand, für sich genommen nicht ausreichend war, um eine schwere Persönlichkeitsrechtsverletzung zu begründen. Das Gericht hätte seine Argumentation fortführen und nunmehr auch inhaltlich an den Schutzbereich des Allgemeinen Persönlichkeitsrechts zurückbinden müssen. Es hätte erklären müssen, bis zu welchem Kopplungsgrad von Figur und Person eine schwere Persönlichkeitsrechtsverletzung noch ausgeschlossen werden kann.

Für diese Erklärung fehlt jedoch eine zuverlässige Schutzbereichsbestimmung, eine, die sich ihres Schutzgegenstands sicher ist, Eingriffskategorien vorhersehbar werden lässt und schließlich auch noch einen Maßstab zur Bestimmung der Verletzungsintensität zur Verfügung stellt. Das BVerfG vertraut in seiner Rechtsprechung zum Allgemeinen Persönlichkeitsrecht allein auf die Bildung von Fallgruppen; auf eine explizite Definition des Schutzbereichs wird verzichtet[93]. Auch der „Esra"-Beschluss erklärt, der Inhalt des Allgemeinen Persönlichkeitsrechts sei „nicht allgemein und abschließend umschrieben"[94]. Was allerdings keineswegs bedeutet, es existierte kein Begriff des Allgemeinen Persönlichkeitsrechts, schließlich müssen Begriffe nicht notwendig über Definitionen, sondern können auch durch Beispiele eingeführt werden[95]. Die sind für das Persönlichkeitsrecht jedoch kaum mehr zu überschauen. So lange nur einzelne Fallgruppen[96] existieren,

91 Zur Fiktion als Argumentationsfigur aus Sicht des juristischen Fiktionalismus vgl. *Steinhauer,* Regel und Fiktion, S. 110 ff.

92 Vgl. *Hans Vaihinger*, Die Philosophie des Als Ob. Mit seinem Fiktionalismus hat *Vaihinger* auch unter Juristen für Aufmerksamkeit gesorgt. Nicht nur, weil auch die Gesetzesanalogie zu den juristischen Fiktionen zählt.

93 Im Bestreben, das Grundrecht für künftige Entwicklungen offen zu halten, verzichtet das BVerfG in seiner Rechtsprechungspraxis bislang auf eine Definition, vgl. etwa BVerfGE 54, 148 (153 f.); 79, 256 (268).

94 BVerfGE 119, 1 (24) = NJW 2008, 39 (41).

95 *Seiffert,* Einführung in die Wissenschaftstheorie, S. 36 ff.

96 Zur Fallgruppenbildung als Mittel Rechtsklarheit erzeugender dogmatischer Ausdifferenzierung vgl. *Erichsen,* Allgemeine Handlungsfreiheit, in: Handbuch des Staatsrechts der Bundesrepublik Deutschland, Bd. VI, § 152, Rn. 24, m.w.N.

die darüber hinaus auch allgemein anerkannt sind, besteht zwar die Möglichkeit einer Definition, aber noch keine Notwendigkeit. Dieses Verhältnis von Möglichkeit und Notwendigkeit verschiebt sich in Richtung der Notwendigkeit, je mehr Fallgruppen als Beispiele auf den Begriff hindeuten sollen. Die Überkomplexität der Fallgruppen steht dann in einem immer auffälliger werdenden Gegensatz zur Unterkomplexität der wissenschaftlichen Definition. Während auf Definitionsseite der ununterschiedene Raum bleibt, drängt sich auf der Beispielseite Differenzierung an Differenzierung. Jede einzelne Differenz muss auf vor- und nachgelagerte Differenzen Rücksicht nehmen, um die begriffliche Konsistenz zu bewahren. Doch die Herstellung von Konsistenz lässt sich mit zunehmender Anzahl von Beispielen immer schwieriger bewerkstelligen. Zunächst kommt man noch damit aus, die Fallgruppen zu systematisieren[97]. Diese Systematisierung kann man als Entwicklungsstufe hin zu einer abstrakt-generellen Schutzbereichsdefinition verstehen, weil sie in ihren systematischen Konsistenzbemühungen ebenso wie die Rechtsnormdefinition immer darauf bedacht ist, auch neue Fälle unter ihren Hut zu bekommen[98]. Dieser begrifflich-dogmatische status quo des Persönlichkeitsrechts wird jedoch von Fällen wie „Esra“ unter enormen Druck gesetzt. „Esra“ lässt sich weder zweifelsfrei in die bestehenden Fallgruppen einordnen, noch als allgemein überzeugendes, neues Beispiel hinzufügen. „Esra“ ist als Fallgruppe des Allgemeinen Persönlichkeitsrechts derart problematisch, dass dem Druck der überkomplex gewordenen Fallgruppenbildung auf die unterkomplexen Definitionsansätze kaum noch etwas entgegenzusetzen ist. Wir wollen nun dem Druck nachgeben, und eine umfassend schutzbereichserschließende Definition vorstellen:

I. Schutzbereich des Allgemeinen Persönlichkeitsrechts

Das Allgemeine Persönlichkeitsrecht schützt vor allen Formen der Kommunikation oder Beobachtung, die geeignet sind, sich nachteilig auf die psychische oder soziale Integrität der Person auszuwirken. Eingriffe in den so zu definierenden Schutzbereich werden umso schwerer zu rechtfertigen sein, je nachteiliger sie sich auf die psychisch-soziale Integrität der Person auswirken können.

---

97 Solche Systematisierungen finden sich neben den Darstellungen der einschlägigen Kommentarliteratur etwa bei *Degenhart,* JuS 1992, 361 (363 ff.); *Ehmann,* JuS 1997, 193 (197 ff.); *Jarass,* NJW 1989, 857 (858 ff.).

98 Der Gesetzeskommentar gibt mit seiner systematischen Darstellung Orientierungswissen über den juristischen Standort des unbekannten Falls.

Nach dieser Definition ist zuerst danach zu fragen, ob eine personenbezogene Beobachtung oder Kommunikation vorliegt, und dann danach, ob der personalen Integrität hierdurch nachteilige Folgen drohen. Freilich hat sich die Definition erst noch zu bewähren. Hierfür bestehen aber gute Aussichten. Denn einmal lässt sie sich aus den bestehenden Fallgruppen, der herrschenden Dogmatik und zuletzt auch aus dem Normtext von Art. 2 GG ableiten. Dann aber ist sie hinreichend nichtssagend, um auch neue Bedrohungen, die der Persönlichkeit in Zukunft drohen können, unter ihren Schutz zu fassen[99].

1. Grundrechtsdogmatische Herleitung

Art. 2 Abs. 2 GG schützt die körperliche Integrität der Person. Weil die körperliche Unversehrtheit eine Bedingung der Möglichkeit von Freiheit ist[100]. Art. 2 Abs. 1 GG als Muttergrundrecht aller Handlungsfreiheiten[101] ist für denjenigen sinnlos, der sich erst gar nicht in der körperlichen Verfassung befindet, von ihr Gebrauch zu machen. Dogmatisch konsequent und folgerichtig hätte das Allgemeine Persönlichkeitsrecht daher eine Ableitung analog zum Recht auf körperliche Unversehrtheit erfahren müssen[102]. Auch die psychisch-soziale Integrität der Person ist Bedingung der Möglichkeit, Handlungsfreiheiten zu gebrauchen. Eine Person, die unter dem psychischen Druck des Staates oder der Öffentlichkeit, oder durch ihre gesellschaftliche Ausgrenzung gelähmt ist, der nützen Freiheitsrechte ebenso wenig wie dem körperlich Schutzlosen. Der Menschenwürdesatz aus Art. 1 Abs. 1 GG, der als Geltungsgrund und Auslegungsmaxime der Grund-

---

99 Und schließlich muss man auch ein bisschen Mut haben. Das Ziel einer abgeschlossenen Partikulardogmatik unter dem Titel „Roman und Persönlichkeitsrecht" ist nicht mit wissenschaftlicher Ernsthaftigkeit zu erfüllen, ohne eine Schutzbereichsdefinition vorzulegen.

100 Art. 2 Abs. 2 GG sichert die unabdingbaren Grundlagen der Persönlichkeitsentfaltung, vgl. *Lorenz,* Recht auf Leben und körperliche Unversehrtheit, in: Handbuch des Staatsrechts der Bundesrepublik Deutschland, Bd. VI, § 128, Rn. 3; *Grabitz,* Freiheit der Person, in: Handbuch des Staatsrechts der Bundesrepublik Deutschland, Bd. VI, § 130, Rn. 1; Schulze-Fielitz, in: *Dreier,* Grundgesetz, Bd. I, 2, Aufl. 2004, Art. 2 Abs. 2 Rn. 20.

101 Irreführend hat sich wegen der Subsidiarität der Allgemeinen Handlungsfreiheit gegenüber den speziellen, ausdrücklich normierten Handlungsgrundrechten des GG die Bezeichnung „Auffanggrundrecht" eingebürgert, vgl. *Nipperdey,* Freie Entfaltung der Persönlichkeit, in: Bettermann/Nipperdey (Hrsg.), Die Grundrechte, Bd. IV/2, S. 741 (762). Eine Bezeichnung, die jedoch der mit ihrer tatbestandlichen Reichweite korrespondierenden Wirkungsmacht der Allgemeinen Handlungsfreiheit nicht gerecht wird.

102 Dabei sind dem BVerfG die Parallelen zu Art. 2 Abs. 2 GG keineswegs unbekannt. Darauf weist Di Fabio, in: *Maunz/Dürig,* GG-Kommentar, Art. 2 GG, Rn. 131, hin. Das BVerfG zieht sie aber erst im Rahmen der Eingriffsrechtfertigung heran, vgl. BVerfGE 27, 344 (350 f.); 32, 373 (379); 34, 238 (246).

rechte fungiert[103], verlangt daher, sämtliche Bedingungen der Möglichkeit von Freiheitsgebrauch mit in seinen Schutz einzubeziehen. Während Art. 2 Abs. 2 GG ausdrücklich nur die körperlichen Bedingungen der Möglichkeit von Freiheitsgebrauch absichert, ergänzt das Allgemeine Persönlichkeitsrecht die immateriellen Bedingungen der Möglichkeit von Freiheitsgebrauch[104]. Dabei kann es auch zu Überschneidungen kommen: Der Faustschlag oder – drastischer – die Folter stellt einen Angriff auf die körperliche Unversehrtheit dar. Gleichzeitig wird aber auch die Person in ihrer immateriellen, psychisch-sozialen Verfasstheit angegriffen. Denn die Bedeutung des Schlags beschränkt sich nicht auf die Verursachung von Schmerz, sondern kommuniziert in aller Regel auch etwas. Tangiert diese Kommunikation die Grundbedingungen des Freiheitsgebrauchs nicht nur in körperlicher, sondern auch in immaterieller Hinsicht, verlangt der Menschenwürdesatz aus Art. 1 Abs. 1 GG einen flankierenden Grundrechtsschutz.

An dieser Stelle nimmt die herrschende Dogmatik des Allgemeinen Persönlichkeitsrechts ihren Ausgang. Ausdrücklich wird bei diesem Recht die Ableitung nicht nur aus Art. 2 Abs. 1 GG, sondern gerade auch aus Art. 1 Abs. 1 GG betont[105]. Freilich hat sich hier eine Akzentverschiebung vollzogen: Die Menschenwürde wird bei der Bezeichnung des Allgemeinen Persönlichkeitsrechts inzwischen nur noch dann besonders gegenüber Art. 2 Abs. 1 GG hervorgehoben, wenn man dem Schutzbereich einen Menschenwürdekern zuweisen möchte, der wegen seiner „Nähe zum Grundrecht der Menschenwürde" einer Abwägung mit anderen Rechten entzogen ist[106]. Der Menschenwürdegehalt des Allgemeinen

---

103 BVerfGE 27, 344 (350 f.); 34, 238 (245); 79, 256 (268).

104 Di Fabio, in: *Maunz/Dürig,* GG-Kommentar, Art. 2 GG, Rn. 131, spricht von der „Achtung des Rechts auf Integrität der Person" und beruft sich dabei auf Starck, in: *v. Mangoldt/Klein/Starck,* Das Bonner Grundgesetz, Bd. 1, Art. 2 Abs. 1, Rn. 14, der die spezielle, sich von der Allgemeinen Handlungsfreiheit des Art. 2 Abs. 1 GG heraushebende Schutzrichtung als „Schutz des Zustandes" bezeichnet.

105 Das Allgemeine Persönlichkeitsrecht auch ausdrücklich auf Art. 1 Abs. 1 GG zu stützen, erklärt sich aus den besonderen Umständen seiner zunächst bloß zivilrechtlichen Herleitung. Das RG verweigerte dem Recht noch die Anerkennung, vgl. RGZ 79, 397, (398); 94, 1; 102, 134; 107, 277, (281); 113, 414. Der BGH entwickelte es dann aber schließlich 1954 in seiner „Leserbrief"-Entscheidung, BGHZ 13, 334 ff., und zwar als Rechtsgut des § 823 Abs. 1 BGB. Bei seiner Herleitung stützte er sich gleichrangig auf Art. 1 Abs. 1 und Art. 2 Abs. 1 GG. Eine Herleitung, die das BVerfG bei seiner Etablierung als Grundrecht aus der Zivilrechtsprechung übernahm, vgl. etwa BVerfGE 54, 208 (217); 56, 37 (42); 60, 123 (134); 63, 131 (142); 64, 261 (280); 65, 1 (41); 67, 100 (142 f.); 72, 155 (167); 75, 201 (217); 78, 77 (84); 79, 51 (63); 79, 256 (268 f.); 80, 367 (373 f.); 82, 236 (269); 84, 192 (194); 84, 239 (279); 89, 69 (82); 90, 255 (259); 90, 263 (270); 92, 191 (197); 95, 220 (241); 96, 56 (61). Der Verlauf dieser exemplarisch herausgegriffenen Entscheidungen dokumentiert die verfassungsdogmatische Differenzierung des Grundrechts als fortschreitende Emanzipierung von seinen zivilrechtlichen Entstehungsumständen.

106 Dazu Di Fabio, in: *Maunz/Dürig,* GG-Kommentar, Art. 2 GG, Rn. 131: „Ab einem gewissen Eingriffsgrad geht der Eingriff bezüglich Art. 2 Abs. 1 GG in einen Eingriff in die Menschenwürde

Persönlichkeitsrechts wird also auch dazu gebraucht, um Tabuzonen zu begründen. Das „Esra"-Urteil des BVerfG ist dafür ein glänzendes Beispiel. Der Streit darüber, ob die Menschenwürde ein Grundrecht ist, und darüber, ob Grundrechte einen nicht abwägbaren Menschenwürdekern besitzen, soll hier nicht geführt werden[107]. Denn eine abwägungsresistente Zone lässt sich auch begründen, indem man einen hinreichend gewichtigen Grundrechtseingriff nachweist. Festgehalten werden soll hier nur eines: Der Rekurs auf die Menschenwürde als Grundrecht erleichtert die Begründung von Tabuzonen wegen der starken Suggestivkraft des Menschenwürdebegriffs. Dadurch, dass Menschenwürde als Grundrecht selbst keinen fest zu definierenden Schutzbereich aufweist[108], entstehen allerdings beträchtliche Freiräume für argumentativen Missbrauch. Dort, wo eine solche Zone behauptet wird, muss also besonders sorgfältig geprüft werden, ob der Eingriff tatsächlich von einer Schwere ist, die den Appell an die Menschenwürde trägt.

Dass das Allgemeine Persönlichkeitsrecht dann letztlich auf Art. 2 Abs. 1 GG und nicht auf Art. 2 Abs. 2 GG gestützt wird, bleibt dagegen ohne nachteilige Folgen. Denn auch bei der hier bevorzugten Ableitung analog Art. 2 Abs. 2 GG ist bereits der Blick auf die Verwirklichung der Handlungsfreiheiten gerichtet. Nur eben präziser: Als Grundbedingung für Freiheitsgebrauch. Dieser Grundbedingungscharakter ist aber auch innerhalb der herrschenden Meinung, die das Recht aus Art. 2 Abs. 1 GG herleitet, unumstritten. Der teleologisch-funktionale Gehalt des Grundrechts lässt sich nur besser erklären, wenn man den freiheitsermöglichen Charakter heraushebt. Die teleologische Perspektive auf die psychisch-soziale

---

über. In diesem Stadium liegen dann selbstständige, unter keinem Aspekt zu rechtfertigende Eingriffe in den von Art. 1 Abs. 1 GG erfassten, absolut geschützten Grundrechtskern aus Art. 2 Abs. 1 GG vor. Diesem Gedanken entspricht auch die sog. „Sphärentheorie" des Bundesverfassungsgerichts."

107 BVerfG und herrschender Lehrmeinung zufolge erwächst aus Art. 1 Abs. 1 GG auch ein subjektives Recht, das Überschneidungen mit den Kernbereichen der übrigen Grundrechte aufweist; vgl. BVerfGE 12, 113 (123); 15, 283 (286); 109, 133 (149 f.) sowie Herdegen, in: *Maunz/Dürig,* GG-Kommentar, Art. 1 GG, Rn. 29; *Dederer,* JöR 57 (2009), 89 (93 ff.); Jarass in: *Jarass/Pieroth,* GG Kommentar, Art. 1, Rn. 3; *Krawietz,* in: Gedächtnisschrift für Friedrich Klein, S. 248 (278 ff.); *Löw,* DÖV 1958, 516 (520). Gegen einen subjektiv-rechtlichen Charakter der Menschenwürdegarantie vgl. Dreier, in: *ders.* (Hrsg.), Grundgesetz, Bd. 1, 2. Auflage 2004, Art. 1 Abs. 1, Rn. 127 ff.; *Geddert-Steinacher,* Menschenwürde als Verfassungsbegriff, S. 164 ff.; *Gröschner,* Menschenwürde und Sepulkralkultur in der grundgesetzlichen Ordnung, S. 45 ff. Das Bewusstsein dieser Arbeit für das Problem der Menschenwürde sowohl als problematisches Grundrecht als auch als problematische Begründungsfigur ist geprägt von *Enders,* Die Menschenwürde in der Verfassungsordnung, der sich ebenfalls gegen eine Deutung des Menschenwürdesatzes als Grundrecht ausspricht.

108 Vgl. zum Menschenwürdebegriff und seiner kultur- wie rechtshistorischen Entstehungs- und Deutungsgeschichte *Enders,* Die Menschenwürde in der Verfassungsordnung. Gerafft: *Gounalakis,* Embryonenforschung und Menschenwürde.

Integrität der Person legt den Definitionskern des Allgemeinen Persönlichkeitsrechts frei.

2. Fallgruppenanalyse

Zu behaupten, das Allgemeine Persönlichkeitsrecht diene dem Schutz der psychisch-sozialen Unversehrtheit der Person als Bedingung der Möglichkeit von Freiheitsgebrauch, leuchtet schon aus der normtextlich sich erschließenden Systematik der Freiheitsrechte des GG ein. So wird denn auch nicht bestritten, dass das Allgemeine Persönlichkeitsrecht eine aktive, handlungsschützende Dimension auf der einen Seite aufweist, und eine passive, einen Zustand des Grundrechtsträgers schützende Dimension auf der anderen Seite. Für die Aktivseite allein hätte es keines neu zu benennendes Freiheitsrechts bedurft – sein Lebensbild selbst zu gestalten, seine Darstellung in der Öffentlichkeit selbst zu steuern, eine öffentliche Rolle spielen zu dürfen, etc; all das hätte sich zwanglos bereits aus der Allgemeinen Handlungsfreiheit des Art. 2 Abs. 1 GG gewährleisten lassen. Das Allgemeine Persönlichkeitsrecht wird in seiner passiven Dimension, im Schutz des Zustands der Unversehrtheit der Person, besonders gebraucht. Das zeigt sich durch eine Übersicht der Fallgruppen, aus denen heraus sich das Allgemeine Persönlichkeitsrecht erst abgezeichnet hat. Und zwar so, dass wir es heute definieren können.

a) Verletzung durch Kommunikation

Die kulturhistorisch immer schon präsente Form der Persönlichkeitsrechtsverletzung ist die ehrverletzende Kommunikation[109]. Die Ehrschutzdelikte des Strafrechts könnte man daher als historisches Entstehungszentrum des Allgemeinen Persönlichkeitsrechts begreifen. Beleidigung, Verleumdung und üble Nachrede stellt als Kommunikation den sozialen Geltungsanspruch[110] der Person in Frage und löst rechtlichen Schutzbedarf aus[111]. Erst recht, wenn die Kommunikation durch Massenmedien in ihrer psychisch-sozialen Belastungswirkung über die Grenzen des Lebensbereichs der Person hinaus verstärkt wird[112]. Das Zivilrecht spielt hier eine große Rolle. Denn nicht das BVerfG hat das Allgemeine Persön-

109 Zur Kulturgeschichte des Ehrbegriffs *Burkhart,* Eine Geschichte der Ehre.

110 BVerwGE 82, 76 (79); 73, 4 (6 f.).

111 Zu den strafrechtlich relevanten Ehrschutzfällen vgl. BVerfGE 67, 213 (228); 75, 369 (379 ff.).

112 Virulent wird der Ehrschutz im massenmedialen Konflikt des Allgemeinen Persönlichkeitsrechts mit der Meinungsfreiheit und den Freiheiten der Massenmedien aus Art. 5 Abs. 1 GG, vgl. dazu *Ehmann,* AcP 188 (1988), 230 ff.

lichkeitsrecht ins Leben gerufen, sondern die Zivilgerichte haben das Allgemeine Persönlichkeitsrecht als Sonstiges Recht im Sinne des § 823 Abs. 1 BGB begründet. Große Teile des Rechtsschutzes gegen ehrverletzende Äußerungen spielen sich daher im Bereich zivilrechtlicher Unterlassungsansprüche analog § 1004 BGB i.V.m § 823 BGB ab. Das BVerfG hat die zivilgerichtliche Herleitung des Rechts aus Art. 1 Abs. 1 i.V.m. Art. 2 Abs. 1 GG nicht beanstandet[113].

Für Persönlichkeitsrechtsverletzungen durch Kommunikation sind Massenmedien daher besonders schadensträchtig. Der gesamte Schutzbereich der Massenkommunikationsgrundrechte aus Art. 5 Abs. 1 S. 2 GG umreißt eine strukturelle Gefährdungszone für die psychisch-soziale Integrität der von Medienberichterstattung betroffenen Personen. Auch das Buch als Urtyp des Massenmediums zählt selbstverständlich zu den von Art. 5 Abs. 1 S. 2 GG geschützten potentiellen „Persönlichkeitsgefährdern". Im Fall des Romans tritt die Pressefreiheit im Rahmen der Abwägung hinter die Kunstfreiheit aus Art. 5 Abs. 3 GG zurück[114].

Auch eine so aktuell problematisierte Fallgruppe wie die des Rechts auf Nichtwissen[115], lässt sich ebenfalls unter die hier favorisierte Schutzbereichsdefinition bringen: Das Recht auf Nichtwissen zielt auf Kommunikation von personenbezogenen Daten, die die Person psychisch belasten. So etwa die ungefragte Mitteilung von zufällig bei einem ärztlichen Heileingriff festgestellten Krankheiten oder die Mitteilung der genetischen Disposition für eine bestimmte Erbkrankheit. Die am Schutzzweck des Allgemeinen Persönlichkeitsrechts orientierte Schutzbereichsdefinition weist problemlos nach, dass auch diese Fallgruppe dem Allgemeinen Persönlichkeitsrecht zuzurechnen ist. Weil sie nämlich eine strukturelle Gefahr für die Bedingung der Möglichkeit von Freiheitsgebrauch ist.

b) Verletzung durch Beobachtung

Die Fallgruppe der Persönlichkeitsrechtsverletzung durch Kommunikation weist Überschneidungen mit der Fallgruppe der Verletzung durch Beobachtung auf. Gerade das Beispiel der Massenkommunikationsmedien zeigt das. Ihre Kommunikation ist in den allermeisten Fällen auch als Beobachtung fassbar. Sieht man einmal von den Ehrschutzfällen ab, könnte man mit einem weit zu verstehenden Beobachtungsbegriff sämtliche Fallgruppen der Gefährdung der psychisch-sozialen Integrität der Person dem Eingriffsmodus der Beobachtung zuschlagen.

---

113 Ebenda.

114 BVerfGE 30, 173 (200) – „Mephisto".

115 Vgl. *Kern,* Unerlaubte Diagnostik – Das Recht auf Nichtwissen; *Koppernock,* Das Grundrecht auf bioethische Selbstbestimmung, S. 89 ff.

aa) Sphärentheorie des BVerfG

Für diesen weiten Bereich der Beobachtung existiert bereits eine belastbare theoretische Basis: Die Sphärentheorie des BVerfG[116]. Sie beruht auf der Überlegung, dass die Person zu ihrer ungestörten Persönlichkeitsentfaltung auf Rückzugsräume angewiesen ist, die der Beobachtung entzogen sind[117]. Dieser „Schutz der engeren persönlichen Lebenssphäre" fußt auf der Leitunterscheidung von Privatheit/Öffentlichkeit und weist der Privat- und Intimsphäre der Person einen herausgehobenen Schutz zu. Die Intimsphäre ist dabei als unabwägbare Tabuzone eingerichtet, was mit der Argumentationsfigur des Menschenwürdekerns des „Kernbereichs privater Lebensgestaltung" abgesichert wird[118]. In die Privatsphäre darf nur unter strengen Rechtfertigungsbedingungen eingegriffen werden[119]. Die Öffentlichkeitssphäre wird in der Sphärentheorie des BVerfG als Areal verstanden, innerhalb dessen die Person grundsätzlich mit Beobachtung zu rechnen hat; hier sind Eingriffe leichter zu rechtfertigen[120]. Für uns ist die so nur grob skizzierte Sphärentheorie von Interesse, weil sie gewissermaßen die Vorstufe der Definition des Allgemeinen Persönlichkeitsrechts bildet. Sieht man einmal vom Verletzungsmodus der Kommunikation ab, steht mit der Sphärentheorie ein Instrument zur Verfügung, an dem sich die Komponenten und die Zielrichtung des Grundrechts ablesen lassen, ohne dass schon eine umfassende Definition des Schutzbereichs vorhanden wäre. Die in ihr angelegte Leitunterscheidung Privat/Öffentlich hat zunächst eine unübersehbare räumliche Komponente. Privatsphäre meint nach Auffassung des BVerfG einen räumlichen Rückzugsbereich, in dem der Betroffene „er selbst sein kann und wo er eine vom Öffentlichkeitsdruck verursachte Selbstkontrolle ablegen kann, weil er nicht damit rechnen muss, dass Fremde ihn beobachten."[121] Somit ist schon in der Sphärentheorie des BVerfG sowohl der Schutzzweck, als auch eine der beiden Gefährdungsmodi genannt: Der Schutz vor Öffentlichkeitsdruck ist Ausprägung des aus Art. 1 Abs. 1 i.V.m Art. 2 Abs. 2 GG analog folgenden Anspruchs auf psychisch-soziale Unversehrtheit der Person als Bedingung der Möglichkeit von Freiheitsgebrauch. Dass dieses

116 BVerfGE 27, 344 (351); 32, 373 (379); 33, 367 (376 f.); 34, 205 (209); 34, 238 (245); 35, 35 (39); 35, 202 (220); 38, 312 (320); 44, 353 (372 f.); 80, 367 (373 ff.); 89, 69 (82 f.).

117 *Degenhart,* JuS 1992, 361; *Geis,* JZ 1991, 112 (115).

118 BVerfGE 34, 238 (246); 89, 69 (82 f); 109, 279 (313).

119 Die Privatsphäre gibt der Person „Raum, in dem der Einzelne unbeobachtet sich selbst überlassen ist oder mit Personen seines besonderen Vertrauens ohne Rücksicht auf gesellschaftliche Verhaltenserwartungen und ohne Furcht vor staatlichen Sanktionen verkehren kann, BVerfGE 90, 255 (260), vgl. auch BVerfGE 27, 344 (351); 34, 205 (210).

120 BVerfG NJW 2006, 3406 (3408).

121 Di Fabio, in: *Maunz/Dürig,* GG-Kommentar, Art. 2 GG, Rn. 149.

Schutzgut von öffentlicher Beobachtung bedroht ist, dem trägt die Sphärentheorie mit ihrer gestuften Schutzsystematik Rechnung[122]. Vergleicht man unsere oben formulierte Schutzbereichsdefinition mit der Konstruktion der Sphärentheorie, dann wird deutlich, wie kurz der Schritt hin zu einer das gesamte Allgemeine Persönlichkeitsrecht umfassenden Schutzbereichsdefinition noch ist. Erst recht, weil sich die Sphärentheorie nicht darauf beschränkt, lediglich einen im strengen Sinne räumlich zu verstehenden Rückzugsbereich zu begründen. Der Anwendungsbereich der Sphärentheorie erstreckt sich auf alle Angelegenheiten, die von ihrem Inhalt her dem Bereich der engeren Lebensführung angehören und die der öffentlichen Beobachtung grundsätzlich entzogen sind[123]. Das betrifft eine ganze Reihe von Fallgruppen.

bb) Recht am eigenen Bild

Paradigmatisch für die Fallgruppe der Persönlichkeitsrechtsverletzung durch Beobachtung ist das Recht am eigenen Bild, das neben den Ehrschutzdelikten zu den ältesten partikularen Persönlichkeitsrechten zählt[124]. Es ist in §§ 22, 23 KUG verankert und unterliegt einem gestuften Schutzsystem[125]. Danach ist die Verbreitung oder Zurschaustellung von Bildnissen einer Person grundsätzlich nur mit Einwilligung des Abgebildeten zulässig (§ 22 KUG). Fehlt die Einwilligung, so sieht § 23 Abs. 1 KUG Ausnahmen vor, insbesondere die für Bildnisse von Personen der Zeitgeschichte, da an diesen Personen ein gesteigertes Informationsinteresse der Öffentlichkeit besteht[126]. Fehlt es an einem solchen Informationsinteresse, so ist nach § 23 Abs. 2 KUG eine Verbreitung oder Zurschaustellung ausgeschlossen. Die Beurteilung des Informationsinteresses der Öffentlichkeit im Verhältnis zur grundsätzlich der Person zugeordneten Verfügungsbefugnis über die Verbreitung ihrer Bildnisse erfolgt im Rahmen der Sphärentheorie. Je näher das Bildnis an den absolut geschützten Kernbereich der privaten Lebensgestaltung heranreicht, umso weniger lässt sich ein Informationsinteresse der Öffentlichkeit begründen. Die Sphärentheorie bildet zusammen mit dem Recht am eigenen Bild die magna charta des Persönlichkeitsrechtsschutzes vor Medienberichterstattung.

---

122 Die Sphärentheorie strukturiert die sich anschließende Feinsteuerung der Verhältnismäßigkeitsprüfung vor, vgl. *v. Arnauld*, ZUM 1996, 286 (291).

123 BVerfGE 80, 367 (373 ff.) BVerfG NJW 1982, 375.

124 Beispielhaft ist die Verwendung von Bildnissen Prominenter: BVerfGE 34, 238 (246); 101, 361 (381).

125 BVerfGE 101, 361; vgl. auch BGH NJW 2007, 1981; NJW 2007, 1977 (1978).

126 BGH NJW 2007, 1977 (1978 f.).

cc) Schutz vor Beobachtung durch Medienberichterstattung

In der Frage der Bildberichterstattung von Massenmedien kann direkt auf das Recht am eigenen Bild als Beurteilungsmaßstab zurückgegriffen werden. Bei der Wortberichterstattung bildet die herrschende Rechtsprechung eine Analogie zum Recht am eigenen Bild: Sobald die von einer Berichterstattung betroffene Person *erkennbar* ist, steht das einer Abbildung gleich, ohne dass dabei ein Bildnis im Sinne des § 22 KUG vorliegt[127]. Weil Wortberichterstattung ähnliche Beobachtungswirkungen hervorruft, wie Bildberichterstattung, ist es gerechtfertigt, bei Vorliegen von Erkennbarkeit dieselben Beurteilungsmaßstäbe heranzuziehen, wie beim Recht am eigenen Bild. Für die persönlichkeitsrechtliche Beurteilung von Kommunikationsmedien mit Wahrheitsanspruch, die Produzenten faktualer Erzähltexte also, gehört die grundsätzlich an der Sphärentheorie orientierte Abwägung des Allgemeinen Persönlichkeitsrechts mit entgegenstehenden Rechten zum dogmatisch gesicherten Bestand. Es ist verständlich, dass das BVerfG auch im Fall „Esra“ versucht, von diesem gesicherten Bestand auszugehen. Das zeigt sich ganz deutlich in der Verwendung des Erkennbarkeitsbegriffs. Allerdings haben wir gesehen, dass der Erkennbarkeitsbegriff bei der Beurteilung fiktionaler Texte modifiziert werden muss. Das hat auch das BVerfG getan, indem es Erkennbarkeit durch Erkennbarkeit als Vorlage ersetzt hat. Der Sache nach ist damit aber der Boden des ursprünglichen, aus der Wortberichterstattung bekannten Erkennbarkeitsbegriffs verlassen worden. Erkennbarkeit ist durch Referenzialisierbarkeit ersetzt worden. Da Referenzialisierbarkeit ein Medium ist, in dem verschieden starke Kopplungen von Figur und Person möglich sind, können an das reine Vorliegen von Referenzialisierbarkeit nicht automatisch die Rechtsfolgen des Bildnisschutzes geknüpft werden. Vielmehr muss erst die im Einzelfall konkret zu ermittelnde Kopplung von Figur und Person darauf untersucht werden, ob mit der Kopplung in der gegebenen Stärke eine Kommunikation oder Beobachtung vorliegt, welche die psychisch-soziale Integrität der Person zu gefährden geeignet ist. Die Romanerzählung ist keine gefestigte Fallgruppe der Persönlichkeitsrechtsverletzung durch Beobachtung.

dd) Staatliche Überwachungsmaßnahmen

Staatliche Maßnahmen der Strafrechtspflege, des Verfassungsschutzes, der Terrorismusabwehr, etc. bestehen aus der überwachenden Beobachtung von Personen. Nicht nur totalitäre Überwachungsstaaten beobachten ihre Bürger, auch der freiheitliche Rechtsstaat kommt nicht ohne Personenbeobachtung aus. Hier wird das

---

127 BVerfG NJW 2004, 3619 f.

Allgemeine Persönlichkeitsrecht in seiner klassischen Funktion als Abwehrrecht des Bürgers gegen den Staat wirksam[128]. Es stellt sicher, dass die verfolgten Beobachtungszwecke nicht an den Bedingungen der Möglichkeit von Freiheitsgebrauch rühren. Gerade die Erfahrungen mit totalitären Staaten zeigen, wie staatliche Beobachtung Persönlichkeitsrechte verletzt und so Freiheit unmöglich macht[129]. Der Beobachtungsdruck des mit dem Gewaltmonopol versehenen Staates ist in seinen repressiven Wirkungen auf die psychisch-soziale Integrität der Person auch im Rechtsstaat nicht zu unterschätzen.

ee) Recht auf informationelle Selbstbestimmung

Dass staatliche Beobachtung schon in weit geringerer Dosis schädlich auf die Grundbedingungen des Freiheitsgebrauchs wirkt, hat das „Volkszählungsurteil" des BVerfG[130] aus dem Jahr 1983 bestätigt. Das darin entwickelte spezielle Persönlichkeitsrecht auf informationelle Selbstbestimmung fungiert als grundrechtliche Basis des Datenschutzes[131]. Das Recht auf informationelle Selbstbestimmung ist ein Unterfall des Rechts auf Schutz vor Beobachtung. Es weist dem Einzelnen die grundsätzliche Verfügungsbefugnis über seine personenbezogenen Daten zu, weil auch die Sammlung, Aufbereitung und Verknüpfung von Daten, die für sich genommen nur geringen Beobachtungsdruck auslösen, zusammengenommen eine den Druck multiplizierende, Grundlagen von Freiheitsgebrauch infrage stellende Sprengkraft entwickeln können[132].

II. Eingriff und seine Intensitätsfaktoren

Nachdem die grundrechtsdogmatische Herleitung in Form einer teleologischen Ableitung aus Art. 1 Abs. 1 GG und Art. 2 GG und einer überschlägigen Sichtung der wesentlichen Fallgruppen des Allgemeinen Persönlichkeitsrechts die Tragfähigkeit der oben vorgestellten Schutzbereichsdefinition für unsere Zwecke hinreichend plausibilisiert hat, kann das definierte Grundrecht nun partikulardogmatisch auf den Konflikt mit der Kunstfreiheit hin konkretisiert werden. Was

---

128 Vgl. zum Einsatz verdeckter Ermittler in Polizei und Verfassungsschutz *Rebmann,* NJW 1985, 1 ff.; zur Terrorismusbekämpfung *Frenz,* NVwZ 2007, 631 ff. und zur Vorratsdatenspeicherung BVerfG NJW 2010, 833 ff.

129 Dazu Starck, in: *ders./Berg/Pieroth,* Der Rechtsstaat und die Aufarbeitung der vor-rechtsstaatlichen Vergangenheit, S 9 ff.

130 BVerfGE 65, 1 ff.

131 BVerfGE 84, 239 (279): „grundrechtlicher Datenschutz".

132 Vgl. BVerfGE 65, 1 (42).

dazu noch fehlt, sind Faktoren der Eingriffsintensität. Auch hier kann die Konstruktionsarbeit auf den mit der Sphärentheorie gegebenen Bestand zurückgreifen. Eine Sphärentheorie, deren Privat/Öffentlich-Dualismus nicht rein räumlich verstanden werden will, und schon jetzt für alle Formen der Beobachtung Geltung beansprucht, lässt sich leicht als Eingriffsstärkemaßstab auf das gesamte Persönlichkeitsrecht ausdehnen. Dazu muss man nur sehen, dass auch die Kommunikation über eine Person eine Form der Beobachtung darstellt: Wer über eine Person spricht, der fasst sie ins geistige Auge und beobachtet sie auf eine spezielle Weise. Die Sphärentheorie kann also durchaus auch den Verletzungsmodus Kommunikation erfassen.

Die allgemeinste der Sphärentheorie des BVerfG immanente Leitunterscheidung ist zunächst einmal die Privat/Öffentlich-Differenz. Von öffentlich nach privat unterscheiden sich die Sphären in ihrem Ausdehnungsgrad: Je öffentlicher die Sphäre, desto größer ist der Ausdehnungsgrad. Eine in diesem Sinne ausgedehnte Sphäre verträgt es, von außen beobachtet zu werden, ohne dass dabei die psychisch-soziale Integrität der Personen, die sich in ihr aufhalten, grundsätzlich gefährdet ist. Die Sphären selbst sind nicht als Räume zu verstehen, sondern als immaterielle, interpersonale Sozialbeziehungssphären[133]. Die Öffentlichkeitssphäre ist demnach eine multipolar aufgespannte Sozialsphäre mit relativ lockeren Beziehungen zwischen den durch sie verbundenen Personen. Wegen der Lockerheit der Beziehungen schadet grundsätzlich auch eine Außenbeobachtung nur wenig. Gefahren für die psychisch-soziale Integrität der an ihnen beteiligten Personen gehen allenfalls von extremen Außenbeobachtungsverstärkern aus: Den Massenmedien. Sie sind in der Lage, relativ große Beziehungssphären nochmals weiter aufzuspannen. Eine Kleinstadtveranstaltung kann so zum weltweiten Ereignis verstärkt werden.

Kleine Sphären bestehen dagegen aus nur wenigen Beteiligten. Die Privatsphäre ist privat, weil sie der Außenbeobachtung nicht ausgesetzt ist. Deshalb spannen sich in der Privatsphäre diejenigen Beziehungen auf, die keine Öffentlichkeit vertragen – in aller Regel die engeren persönlichen Beziehungen. Wegen ihrer Öffentlichkeitsunverträglichkeit wollen kleine Sphären nicht von außen beobachtet werden. Absolut beobachtungsfeindlich sind die kleinsten denkbaren

133 Eine ganze Menschheitsgeschichte erzählt *Peter Sloterdijk* anhand der Sphären-Metapher, die er im ersten Band, „Sphären I – Blasen", als Orte fester Zweierbeziehungen vorstellt. Als gegenwärtig wohl prominenteste Anleitung zum Denken in Sphären soll *Sloterdijks* Sphärentrilogie hier nicht unerwähnt bleiben. Kunst und Persönlichkeit, an die das Grundgesetz hier seine Regelungsansprüche erhebt, als seien es greifbare Objekte, lassen sich nur mit Hilfe eines Unterbewusstseins juristisch verfügbar machen, wie es *Sloterdijk* mit „Sphären I" in einer Art topologischer Psychoanalyse offenlegt. Ohne dieses Unterbewusstsein ließe sich die assoziative, vorobjektive Kraft der Metapher juristisch überhaupt nicht nutzen.

Sphären, die Intimsphären. Paradigmatisch für die Intimsphäre ist die feste Zweierbeziehung, die sich durch die größtmögliche interpersonale Nähe auszeichnet. Sie ist in der Regel nur möglich, wenn und soweit Dritte Personen ausgeschlossen sind. Dementsprechend entzieht die Sphärentheorie die Intimsphäre jeder Beobachtung. Beobachtung gleich aus welchem Grund ist hier tabu.

Auf diese Weise analytisch aufbereitet, kann die Sphärentheorie des BVerfG nun herangezogen werden, um die Intensität von Eingriffen in den oben definierten Schutzbereich des Allgemeinen Persönlichkeitsrechts rational nachprüfbar zu bestimmen. Die erste sphärentheoretische Prämisse lautet: Große Sphären eignen sich für lockere, kleine Sphären für feste interpersonale Nähebeziehungen. Die zweite sphärentheoretische Prämisse: Je fester die Beziehung, desto psychisch-sozial schädlicher ist Außenbeobachtung. Als conclusio folgt:

Je kleiner die interpersonale Beziehungssphäre, desto größeren Abstand hat die Außenbeobachtung zu wahren, um Schäden an der psychisch-sozialen Integrität der Person zu vermeiden.

III. Gefährlicher Stoff als Eingriff in das Allgemeine Persönlichkeitsrecht der referenzialisierbaren Person

Nach den bis hierher erfolgten dogmatischen Konstruktionsarbeiten lässt sich nun erstmals nachvollziehbar begründen, auf welche Art und Weise *Gefährlicher Stoff* im Roman konkret in das Allgemeine Persönlichkeitsrecht der referenzialisierbaren Person eingreift. Dass Literatur keinen Anspruch auf Referenzialisierbarkeit erhebt, wurde bereits gesagt. Referenzialisierbarkeit bleibt als Möglichkeit aber bestehen. Als Interpretationsmöglichkeit, die jedem Leser offensteht. Die Persönlichkeitsverletzung entsteht aus dieser Interpretation durch den Leser, der sich fragt, ob die Schilderungen des Romans sich auf die referenzialisierbare Person beziehen lassen. Der Leser fragt sich also, ob er hier nicht nur eine Figur beobachtet, sondern eine ihm bekannte Person. Diese Hypothese und ihre Kommunikation fasst die Person ins Auge. Die Person sieht sich der Hypothese, im Roman beobachtet zu werden, ausgesetzt. Die Kommunikation dieser Hypothese unter den Lesern, Bekannten, kurz: den Referenzialisierenden, ist eine Form der Beobachtung der Person.

In dieser kommunikativen Personenbeobachtung liegt ein Eingriff, weil die Kommunikation geeignet ist, sich nachteilig auf die psychisch-soziale Integrität der Person auszuwirken. Die zu erwartende Diskussion unter Verwandten, Bekannten und allen anderen Referenzialisierenden löst Beobachtungsdruck aus, dem die betroffene Person standzuhalten hat. Oft wird nur die Person selbst wissen, ob der *Gefährliche Stoff* tatsächlich unmittelbar beobachtenden Charakter hat oder nicht. Sie ist, um sich zu schützen, gezwungen, immer wieder auf den fiktionalen Charakter der Schilderungen zu verweisen. Darin besteht eine Verteidigungsmöglichkeit. Im Verteidigungsbedürfnis und dem Beobachtungsdruck der Diskussion der Faktualitätshypothese liegt der Eingriff.

Das hat das BVerfG erkannt, freilich ohne es herzuleiten. Der heuristische Weg hat es, zwar um den Preis rechtsstaatlich-methodischer Disziplin, intuitiv auf die richtige Spur gebracht. Die Behauptung, die als Eingriff ausgemachte Diskussion der Faktualitätshypothese aber als unabwägbaren Eingriff in den Menschenwürdekern des Allgemeinen Persönlichkeitsrechts zu konstruieren, ist rechtsstaatlich mehr als bedenklich. Denn das Gericht tut so, als seien Beobachtung der Intimsphäre und Diskussion der Faktualitätshypothese gleichzusetzen, bloß weil es sich bei den sie betreffenden Romanschilderungen um sexuelle Schilderungen handelt. Die Verschiebung des Problems in die Tabuzonen des angeblichen Menschenwürdekerns kann nicht überzeugen. Den Tabubereich so weit zu ziehen, ist nicht konsensfähig, wie die abweichenden Sondervoten zur „Esra“-Entscheidung belegen. Da aber die Verletztheit von Menschenwürde als undefiniertem Grundrecht auf Konsens angewiesen ist, sollte die Menschenwürde den Fall „Esra“ nicht entscheiden.

Die Falllösung muss vielmehr dem Allgemeinen Persönlichkeitsrecht vorbehalten bleiben, dessen Schutzbereichs- und Eingriffsfaktorendefinition lange überfällig war. Die Frage lautet daher: Wiegt der mit der Diskussion der Faktualitätshypothese einhergehende Eingriff in das Allgemeine Persönlichkeitsrecht so schwer, dass er ein Romanverbot als denkbar stärksten Eingriff in die Kunstfreiheit begründen kann? Bevor wir uns hier hinsichtlich der Bewertung der Eingriffsintensität festlegen wollen, müssen wir noch eine einzige Vorarbeit erledigen: Die Schrankenproblematik der Kunstfreiheit muss – partikulardogmatisch – für den Fall des Allgemeinen Persönlichkeitsrechts aufbereitet werden. Womöglich gibt nämlich die Kunstfreiheit aus Art. 5 Abs. 3 GG schon selbst die Richtung für eine Abwägung und das Verhältnis der wechselseitigen Eingriffsvorgänge vor. Mit der Aufbereitung des Allgemeinen Persönlichkeitsrechts kann es daher für die Zwecke dieser Arbeit bis auf weiteres sein Bewenden haben.

Kapitel 4: Dogmatisch-konstruktive Anreicherung der Kunstfreiheit: Theorie normbereichsspezifischer Innenräumlichkeit geschlossener Grundrechte

Wie Romane in das Allgemeine Persönlichkeitsrecht eigreifen, wenn *Gefährlicher Stoff* auf Personen der realen Realität bezogen wird, haben wir soeben gesehen. Ungewiss bleibt aber die Rechtfertigung solcher Eingriffe im Verhältnis zur Kunstfreiheit. Die nämlich ist in Art. 5 Abs. 3 GG ohne ausdrücklichen Schrankenvorbehalt formuliert und es ist unklar, welche Rechtsfolgen sich daraus für Kollisionen mit anderen Rechtsgütern ergeben[134]. Die Kunstfreiheit aus Art. 5 Abs. 3 GG bildet gemeinsam mit den restlichen vorbehaltlos formulierten Grundrechten einen Zusammenstand von Freiheitsrechten, die nach allgemeiner Auffassung nicht nur einen normtextlichen, sondern auch einen systematischen Unterschied zu Grundrechten mit ausdrücklichen Schrankenvorbehalten aufweisen[135]. Die normtextlich-systematische Differenz beider Typen von Grundrech-

134 Die Unklarheit hat zunächst zur Diskussion geführt, ob sich die Schranken aus Art. 5 Abs. 2 GG auf die Kunstfreiheit übertragen lassen. Befürworter einer Schrankenübertragung sind etwa *Bettermann,* Grenzen der Grundrechte, 1968, S. 21 ff.; *Knies,* Schranken der Kunstfreiheit, S. 231 ff.; *Lerche,* BayVBl 74, (180 ff.); *Maunz,* BayVBl 70, 354 (356). Durchsetzen konnten sie sich nicht, ablehnend: BVerfGE 30, 173 (191 f.); 33, 52 (70 f.); 35, 202 (244); BVerwGE 1, 303 (305 ff.); 25, 318 (329 f.); *Müller,* Freiheit der Kunst als Problem der Grundrechtsdogmatik, S. 12 ff.; *ders.,* JZ 70, 87 (89); *Ridder,* Freiheit der Kunst nach dem GG, S. 12; *Ropertz,* Freiheit der Kunst nach dem GG, S. 93 f.

135 BVerfGE 28, 244 (260 f.); 30, 173, (193); 81, 278 (289 f.); *Müller,* Positivität der Grundrechte, S. 46 ff. Die Überlegung, es könnte sich bei der schrankenlosen Formulierung einzelner Grundrechte um ein redaktionelles Versehen gehandelt haben, an das sich keine besonderen Rechtsfolgen anschließen, lässt sich nicht halten. Die Väter des Grundgesetzes haben sich im Parlamentarischen Rat ausdrücklich mit der Schrankenfrage und entsprechenden Formulierungen auseinandergesetzt. Bloß konnte keine abschließende Einigkeit über die Formulierung grundrechtsimmanenter Schranken erzielt werden, weshalb man von einer Formulierung absah und die Schrankenfrage Rechtsprechung und Literatur übergab, vgl. *Misera-Lang,* Dogmatische Grundlagen der Einschränkbarkeit vorbehaltloser Freiheitsgrundrechte, S. 62 m.w.N.

ten ist ein gesetzlicher Unterschied, der selbst wieder zu einer Unterscheidung auffordert[136], nämlich einer konstruktiven Anschlussentscheidung der Grundrechtsdogmatik[137].

Den Versuch einer dogmatischen Differenzierung unternimmt die herrschende Meinung mit ihrer Lehre von den grundrechtsimmanenten Schranken vorbehaltlos formulierter Grundrechte. Diese Grundrechte seien im Gegensatz zu denen mit ausdrücklichem Schrankenvorbehalt einzig durch Grundrechte oder andere mit Grundrechtsrang ausgestattete Werte einschränkbar[138]. Zunächst scheint damit die Hürde für die Beschränkung vorbehaltlos formulierter Grundrechte höher gelegt und eine qualitative Differenz zu den Grundrechten mit Schrankenvorbehalt eingerichtet. Doch erweist sich diese Unterscheidung nicht als endgültige Anschlussentscheidung zur grundgesetzlichen Aufforderung. Dort wo sie sich bewähren müsste, nämlich im Grundrechtskollisionsfall, erweist sie sich als Simulation, die darauf gerichtet ist, die grundgesetzlich normierte Differenz zwischen zwei Grundrechtstypen kurzerhand wieder einzuebnen[139]. Ihre Aussage lautet vereinfacht: Wenn einem vorbehaltlos gewährleisteten Grundrecht ein anderes Grundrecht entgegensteht, läuft das juristische Procedere wie gewohnt ab[140]. Damit ignoriert sie die gesetzliche Aufforderung, ausgerechnet, indem sie so tut,

---

136 Eine Wendung, die auf die konstruktivistische Informationstheorie *Gregory Batesons,* Ökologie des Geistes, S. 582 zurückgeht: „Unterschied, der einen Unterschied macht".

137 *Misera-Lang,* Dogmatische Grundlagen der Einschränkbarkeit vorbehaltloser Freiheitsgrundrechte, S. 235, spricht zutreffend von der „Vorbehaltlosigkeit als Interpretationsgebot": „Für die vorbehaltlosen Grundrechte ist die Schutzbereichsbestimmung mittels Auslegung in besonderer Weise ein dogmatisches Gebot."

138 BVerfGE 30, 173 (193); 33, 52 (71); 67, 213 (228); 81, 278 (292); 83, 130 (139); *Duttke,* NJW 1998, 1615 (1617); *Henschel,* NJW 1990, 1937 (1940); *Link,* NJW 1995, 3353 (3356); *Müller,* Positivität der Grundrechte, S. 46 f; *Pieroth/Schlink*, Grundrechte, Rn. 681.

139 Der Ansatz des BVerfG ist eine Simulation, weil er sich mit seinen Einebnungen ausgerechnet gegen eine selbst auch wieder einebnende Positionen wendet, nämlich gegen die Theorie der Schrankenanleihe, vgl. *Misera-Lang,* Dogmatische Grundlagen der Einschränkbarkeit vorbehaltloser Freiheitsgrundrechte, S. 143.

140 BVerfGE 119, 1 (23) = NJW 2008, 39 (40): „Gerade wenn man den Begriff der Kunst im Interesse des Schutzes künstlerischer Selbstbestimmung weit fasst und nicht versucht, mit Hilfe eines engen Kunstbegriffs künstlerische Ausdrucksformen, die in Konflikt mit den Rechten anderer kommen, von vornherein vom Grundrechtsschutz der Kunstfreiheit auszuschließen [...], und wenn man nicht nur den Werkbereich, sondern auch den Wirkbereich in den Schutz einbezieht, dann muss sichergestellt sein, dass Personen, die durch Künstler in ihren Rechten beeinträchtigt werden, ihre Rechte auch verteidigen können und in diesen Rechten auch unter Berücksichtigung der Kunstfreiheit einen wirksamen Schutz erfahren. In dieser Situation sind die staatlichen Gerichte den Grundrechten beider Seiten gleichermaßen verpflichtet. Auf private Klagen hin erfolgende Eingriffe in die Kunstfreiheit stellen sich nicht als staatliche „Kunstzensur" dar, sondern sind darauf zu überprüfen, ob sie den Grundrechten von Künstlern und der durch das Kunstwerk Betroffenen gleichermaßen gerecht werden."

als käme sie ihr nach[141]. Sie begnügt sich im Wesentlichen mit dem Hinweis, dass es schrankenlos gewährleistete Teilfreiheiten in einem auf Realisation größtmöglicher Freiheit angelegten System von Teilfreiheiten nicht geben kann, ohne dass das System kollabiert[142]. Mit diesem Rekurs auf das Prinzip der Einheit der Freiheitsrechte ist allerdings nur gesagt, dass sich auch vorbehaltlos formulierte Freiheitsrechte Einschränkungen durch kollidierende Freiheitsrechte gefallen lassen müssen[143].

Dagegen ist grundsätzlich nichts einzuwenden. Bloß stellt sich die Frage, ob dem normtextlich-systematischen Befehl, schrankenlos formulierte Grundrechte besonders zu behandeln, mit der Lehre von den grundrechtsimmanenten Schranken schon ausreichend Rechnung getragen ist. Weil die Lehre von den grundrechtsimmanenten Schranken eher auf Einebnung der Differenzen, als auf Herausarbeitung der Besonderheiten zielt, muss das bezweifelt werden[144]. Was soll also die schrankenlose Formulierung der Kunstfreiheit bedeuten? Um das neu zu erklären, wird die Schrankenregelung der Kunstfreiheit im Folgenden mit einer *Theorie der normbereichsspezifischen Innenräumlichkeit geschlossener Grundrechte* dogmatisch angereichert. Ihr widmet sich dieses Kapitel. Zunächst, um zu die Theorie selbst zu begründen. Dann, um die Innenräumlichkeit speziell des Normbereichs der Kunstfreiheit aufzubereiten. So, dass sie für mögliche Konflikte mit dem Allgemeinen Persönlichkeitsrecht normprogrammatisch zur Verfügung steht. Erst dann ist der Weg für ein Abwägungsmodell frei, das sich mit seinen Wertungen auf ein hinreichend stabiles dogmatisches Fundament stützen kann.

I. Innenräumlichkeit als Theoriekonzept

Der Begriff der Innenräumlichkeit darf als Metapher zunächst einmal wörtlich genommen werden. Das erleichtert den gedanklichen Zugang und ist in der

---

141 Vgl. *Bismark,* NJW 1985, 246 (251); *Höllein,* NVwZ 1994, 635 (636); *Hufen,* DÖV 1983, 353 (358); *Ladeur/Gastomzyk,* ZUM 2004, 426 (433); *Schmidt,* NJW 1973, 585 (586); *Schwabe,* Probleme der Grundrechtsdogmatik, S. 308.

142 BVerfGE 28, 244 (261).

143 Mit dem Rekurs auf den rechtstheoretischen Terminus der „Einheit der Verfassung" weist das BVerfG auf die methodische Notwendigkeit des Ausgleichs kollidierender Verfassungswerte hin, vgl. *Müller,* Die Einheit der Verfassung, S. 92 ff; *Zeitler,* BayVBl 1971, 417 (418).

144 An der dogmatisch noch nicht zufriedenstellend herausgearbeiteten Unterschiedenheit vorbehaltlos formulierter Grundrechte im Konflikt mit anderen Grundrechten nehmen Arbeiten wie die von *Misera-Lang,* Dogmatische Grundlagen der Einschränkbarkeit vorbehaltloser Freiheitsgrundrechte, ihren Ausgang.

Grundrechtsdogmatik, die längst mit Begriffen wie Sphären und Schutzbereichen operiert, als raummetaphorisches Denken nicht unbekannt. Innenräumlichkeit, wie wir sie plastisch für den Schutzbereich der Wohnung vor Augen haben, schützt durch seine Geschlossenheit vor Umwelteinflüssen. Geschlossenheit wirkt jedoch nicht nur nach innen hermetisch, sondern auch nach außen. Sie blockiert Einflüsse wie Ausflüsse, Immissionen wie Emissionen. Die Geschlossenheit des Innenraums schützt folglich auch die Außenwelt. Auf diesem funktionsorientierten Zugang beruht die *Theorie der normbereichsspezifischen Innenräumlichkeit:* Sie verwendet Innenräumlichkeit in ihrer Funktion als Regulator von Umweltkontakt.[145]

Zeichnen sich schrankenlos formulierte Grundrechte in ihrem Normbereich durch eine in diesem Sinne funktional verstandene Innenräumlichkeit aus, so wirkt die Geschlossenheit des Innenraums als Filter für mögliche Verletzungen in der Außenwelt. Was sich an Freiheitsgebrauch im Innenraum abspielt, geht außen grundsätzlich niemanden etwas an; und was dort tatsächlich niemanden „an-geht", verletzt auch niemanden. *Hoffmann-Riems* Frage, wann eine ästhetische Realität Persönlichkeitsrechte überhaupt verletzen könne[146], scheint diese assoziative Reflexion aufzugreifen, freilich ohne sie grundrechtsdogmatisch zu aktivieren.

Die *Theorie der normbereichsspezifischen Innenräumlichkeit* baut darauf, dass der Bereich der sozialen Wirklichkeit, auf die das Grundrecht zielt, Verletzungen in der sozialen Umwelt in weiten Teilen blockiert oder abmildert. Diese sozialempirische Prämisse ist Ausgangspunkt und Begründungszentrum der vorbehaltlosen Formulierung von Grundrechten. Grundrechte, die ohne Schrankenvorbehalt formuliert sind, sollen daher von nun an als *geschlossene Grundrechte* bezeichnet werden. Eine Bezeichnung, die in der Literatur[147] bereits gebraucht wird[148]. Wir können problemlos auf sie zurückgreifen.

---

145 Zur als „Topologische Wende" bezeichneten Hinwendung der Soziologie zum Raumdenken vgl. *Schroer,* Räume, Orte, Grenzen. Eine der theoretischen Quellen dieser Entwicklung: *Foucault,* Andere Räume.

146 BVerfGE 119, 1 (57) = NJW 2008, 39 (49).

147 Vgl. etwa *Fechner,* Medienrecht, S. 38 f.

148 Die Bezeichnung „geschlossen" für vorbehaltlos formulierte Grundreche assoziiert Uneinschränkbarkeit. Ein Nachteil, den sie mit dem Terminus „normbereichsspezifische Innenräumlichkeit" gemeinsam hat. Die Vorteile der Innenräumlichkeitsvorstellung wiegen diesen Nachteil auf.

II. Rechtswissenschaftliche Vorläufer der Innenraumthese

Die Innenraumthese als Besonderheit geschlossener Grundrechte heranzuziehen, ist nicht völlig neu. Das belegt *Kathrin Misera-Lang*, die einen überaus nützlichen Aufriss des Problems der Einschränkbarkeit vorbehaltlos gewährleisteter Freiheitsgrundrechte vorgelegt hat, und dabei auch selbst auf die Innenraumthese zurückgreift, nämlich in Gestalt des Arguments vom geringen Sozialbezug geschlossener Grundrechte[149]. In der Tat sind immer wieder Variationen des Arguments aufgetaucht, geschlossene Grundrechte seien nicht einschränkungsbedürftig, weil die von ihren Schutzbereichen ausgehenden Gefahren so vernachlässigbar seien, dass sie die schrankenlose Gewährleistung rechtfertigen[150]. Diese Sozialschädlichkeitsargumentation lässt sich in ihrer Allgemeinheit ohne weitere Voraussetzungen zwar nicht halten. Das zeigt schon unser Beispiel des Romans, dessen *Gefährlicher Stoff* sich auf Personen der realen Realität referenzialisieren lässt. Hier liegt ein Eingriff in das Allgemeine Persönlichkeitsrecht vor, der sich nicht als per se vernachlässigbar von der Hand weisen lässt. Aber auch *Misera-Lang* macht sofort klar, dass sich das Sozialschädlichkeitsargument nicht zur absoluten, einzigen und endgültigen Erklärung geschlossener Grundrechte eignet[151].

Gleichwohl benutzt sie das Argument als Teil ihrer Lösung. Sie erkennt, dass sich das Problem geschlossener Grundrechte dogmatisch nicht mit einem einzigen Erklärungswerkzeug lösen lässt. Trotzdem bündelt sie die vorhandenen Erklärungen in drei nebeneinander bestehende Erklärungskanäle[152]. Dazu zählt die Nähe geschlossener Grundrechte zum absolut geschützten Persönlichkeitskern, der ohnehin keiner Abwägung mit anderen Rechten zugänglich ist[153]. Dann der besondere soziale Nutzen der Grundrechte, der durch die schrankenlose Formulierung besonders augenfällig werden sollte[154]. Und die schon genannte These, geschlossene Grundrechte seien nur begrenzt sozialschädlich. All diese Gründe nimmt *Misera-Lang* als Ausgangspunkt für ihre dogmatische Neubeantwortung der Frage nach der Einschränkbarkeit vorbehaltlos formulierter Grundrechte[155].

---

149 *Misera-Lang,* Dogmatische Grundlagen der Einschränkbarkeit vorbehaltloser Freiheitsgrundrechte, S. 64 ff.

150 Vgl. *Berg,* Konkurrenzen schrankendivergierender Freiheitsrechte, S. 105 ff.; *Frowein,* NJW 1969, 1081 (1083); *Rüfner,* Grundrechtskonflikte, S. 453 (463); *Schwabe,* Probleme der Grundrechtsdogmatik, S. 308 f.; *Wendt,* AöR 104 (1979), 414 (438).

151 *Misera-Lang,* Dogmatische Grundlagen der Einschränkbarkeit vorbehaltloser Freiheitsgrundrechte, S. 67.

152 Ebenda, S. 61 ff.

153 Ebenda, S. 63 f.

154 Ebenda, S. 67.

155 Ebenda, S. 400.

In ihrer Antwort geht sie dann allerdings sehr behutsam vor: Um den geschlossenen Grundrechten keinen Bonus zu gewähren, den sie in ihrem Gewicht im Verhältnis zu entgegenstehenden Rechten nicht verdienen, fasst sie zunächst die Möglichkeit in Betracht, den Schutzbereich geschlossener Grundrechte so einzuschränken, dass die Abwägung ohne Zusatzgewichte auskommen kann[156]. Ein Vorschlag, der gerade im Zusammenhang mit der Kunstfreiheit immer wieder auftaucht[157]. Der Schutzbereich der Freiheit mit ihrem herrschenden offenen Kunstbegriff[158] dehnt den Bereich der Kunst soweit aus, dass Konflikte mit anderen Grundrechten vorprogrammiert sind[159]. In jüngster Zeit ist es vor allem *Ladeur,* der die Schutzbereichsdogmatik der Kunstfreiheit für den Konflikt zwischen Kunstfreiheit und Allgemeinem Persönlichkeitsrecht verantwortlich macht[160]. *Misera-Lang* geht weniger weit, aber in dieselbe Richtung: Sie plädiert dafür, die Schutzbereiche nicht einzuschränken, aber doch teilweise restriktiv auszulegen[161].

Die vorliegende Arbeit sieht das Problem nicht auf Schutzbereichsebene. Da die Diskussion um die Weite des Schutzbereiches erst von der – wenigstens normtextlichen – Schrankenlosigkeit der Kunstfreiheit induziert wird, verwechselt *Ladeur* Ursache und Wirkung. Abgesehen davon kann es aber schon nicht überzeugen, den Schutzbereich eines Grundrechts enger zu definieren als den Bereich sozialer Wirklichkeit, auf den es seinem Schutzzweck nach abzielen soll. Meint die Kunstfreiheit mit Kunst nicht mehr die „Kunst der Gesellschaft", verliert das Grundrecht an klassischer grundrechtlich-funktionaler Abwehrkraft. Dass das nicht wünschenswert ist, zeigt der operational-realistische Normbegriff, wie wir ihn mit seiner Trennung von Normprogramm und Normbereich nun erst entwickeln, und dann auf das Grundrecht der Kunstfreiheit anwenden wollen. Er

---

156 Ebenda, S. 229 ff.

157 Vgl. zur umstrittenen Reichweite *Knies,* Schranken der Kunstfreiheit, S. 118 ff. Eine strukturell restriktive Schutzbereichsbestimmung in Gestalt einer Normbereichsanalyse unternimmt *Müller,* Freiheit der Kunst als Problem der Grundrechtsdogmatik, S. 67 ff. Ablehnend zu solch weitreichender Beschränkung *Misera-Lang,* Dogmatische Grundlagen der Einschränkbarkeit vorbehaltloser Freiheitsgrundrechte, S. 256. Vgl. auch BVerfG NJW 1984, 1293 ff.

158 BVerfGE 30, 173 (188 f.): „Das Wesentliche der künstlerischen Betätigung ist die freie schöpferische Gestaltung, in der Eindrücke, Erfahrungen, Erlebnisse des Künstlers durch das Medium einer bestimmten Formensprache zu unmittelbarer Anschauung gebracht werden. Alle künstlerische Tätigkeit ist ein Ineinander von bewußten und unbewußten Vorgängen, die rational nicht aufzulösen sind. Beim künstlerischen Schaffen wirken Intuition, Phantasie und Kunstverstand zusammen; es ist primär nicht Mitteilung, sondern Ausdruck und zwar unmittelbarster Ausdruck der individuellen Persönlichkeit des Künstlers." vgl. auch BVerfGE 31, 229 (238 f.).

159 *Ladeur/Gastomzyk,* ZUM 2004, 426 (433).

160 Ebenda, 426 (433).

161 *Misera-Lang,* Dogmatische Grundlagen der Einschränkbarkeit vorbehaltloser Freiheitsgrundrechte, S. 402.

bildet die Grundlage für eine *Theorie normbereichsspezifischer Innenräumlichkeit,* die den Gedanken begrenzter Sozialschädlichkeit dogmatisch so verarbeitet, dass keine Widersprüche zur allgemeinen Grundrechtstheorie mit ihrem vom Verhältnismäßigkeitsgrundsatz gesteuerten Abwägungsgebot entstehen.

III. Operativer Realismus in der Normbegriffskonstruktion: Normbereich/Normprogramm-Differenz

Die Leitunterscheidung, die die Theorie für ihre Beobachtungen verwendet, geht auf *Friedrich Müller* zurück, der eine vielbeachtete Abhandlung zur Kunstfreiheit als grundrechtsdogmatischer Herausforderung verfasst hat[162]. Vor allem aber hat *Müller* ein nachpositivistisches Rechtsnormkonzept begründet, das sich besonders gut anhand der Grundrechte und ihrer Schutzbereiche plausibilisieren lässt. Für ihn ist die Rechtsnorm eine Einheit aus Normprogramm und Normbereich[163]. Normprogramm und Normbereich werden als gleichwertige Bestandteile der Rechtsnorm begriffen, wobei Normprogramm das enthält, was die Norm anordnet. Also das, was der Normtext – ganz im Sinne des semantischen Normbegriffs – bedeutet. Bestandteil seines Normbegriffs ist aber nicht nur das Normprogramm, sondern auch der Bereich der sozialen Wirklichkeit, den sich das Normprogramm zum Gegenstand macht. Der Normbereich, verstanden als Ausschnitt sozialer Wirklichkeit, auf den die Norm abzielt, wird über das Normprogramm, verstanden als Einheit von Tatbestand und Rechtsfolge, in die Norm einbezogen.[164]

Die Einbeziehung des Normbereichs in den Normbegriff provoziert, weil sie paradox erscheint, weil sie eine für die juristische Arbeit zentrale Unterscheidung vermeintlich ignoriert: Die Verschiedenheit von Sein und Sollen als getrennte Welten, die Recht als so etwas wie einen Regulator von Wirklichkeit gedanklich erst ermöglicht. In der Tat kommt Recht ohne die Unterscheidung von Sein und Sollen nicht aus[165]. Ohne Unterscheidungen wie Tatbestand/Norm

162 *Müller,* Freiheit der Kunst als Problem der Grundrechtsdogmatik.

163 Vgl. *ders,* Normstruktur und Normativität, S. 107 f., 117 f., 125 f.; 131 ff., 137 ff., 142 ff., 184 ff., 201 ff.

164 Vgl. *Müller/Christensen,* Juristische Methodik, S. 222 ff.

165 Konsequent aus Sicht des Positivismus: *Hans Kelsen,* Reine Rechtslehre, mit einer radikalen Trennung von Sein und Sollen, die das Ziel verfolgt, das Recht frei von sozialen Beimengungen zu halten. Als Überwinder des Gesetzespositivismus haben sich *Alexy,* Theorie der juristischen Argumentation und *Habermas,* Faktizität und Geltung mit ihren Diskurstheorien verdient gemacht.

oder Deskriptivität/Normativität ist juristische Normarbeit nicht möglich. Daher kann man *Müllers* Normbegriff kritisieren[166]. Die ihm innewohnende Erklärungskraft kann aber nutzbar gemacht werden, wenn man seine normtheoretischen Paradoxien auflöst. Und zwar in Richtung des operativen Realismus.

Operativer Realismus, hier verstanden im Sinne der sozialwissenschaftlichen Systemtheorie *Niklas Luhmanns,* betrachtet seine Gegenstände als sich selbst reproduzierende kommunikative Prozesse[167]. Seine Gegenstände entstehen immer durch die kommunikative Reproduktion ihrer eigenen Umweltverschiedenheit. Dazu muss Identität nicht von der Einheit, sondern von der Differenz her gedacht werden. Diese Differenzlogik betrachtet die Einheit eines Gegenstandes immer als Differenz von Identität und Differenz[168]. Der darin liegende Widerspruch, dass Identität nicht zugleich Differenz sein kann, wird aufgelöst, indem die kommunikative Reproduktion der Differenz sich im Medium Zeit abspielt.

Die Rechtsnorm, verstanden als Produkt systeminterner Kommunikationen des Rechtssystems[169], lässt sich so als Reproduktion einer Differenz ausdrücken. Ein pragmatischer Ansatz, der als Norm ganz allein den Prozess seiner Erzeugung im Auge hat, und dabei vollständig von den materialen Gehalten der Norm absehen kann. Auch hier lässt sich wegen der Akzentuierung der Zeitkomponente der Widerspruch, dass Norm nicht zugleich auch Wirklichkeit sein kann, auflösen. Dazu muss man nur sehen, in welchem kommunikativen Prozess der formale Kern juristischer Arbeit besteht:

Juristen prozessieren unentwegt die basale Differenz von Sein und Sollen. Der Rechtsanwendungsprozess besteht aus nichts anderem als dem permanenten, sich hermeneutisch verdichtenden und aufeinander beziehenden Wechsel des Blickes von der Rechtsnorm auf die Wirklichkeit, die von ihr angepeilt wird. Die Anwendung entspricht dem Prozedere der juristischen Hermeneutik. Sie ist angewiesen auf das „Hin- und Herwandern" des Blickes zwischen abstraktem Tatbestand und konkretem Sachverhalt[170]. Die abstrakte Regel ist zu ihrer Konkretisierung stets auf einen Sachverhalt angewiesen, ebenso wie der Sachverhalt nur insofern von Relevanz ist, als er Bezüge zur einschlägigen Norm aufweist; die Norm zeigt sich am Sachverhalt, der Sachverhalt zeigt sich an der Norm[171]. So

166 Vgl. dazu die Verteidigung bei *Müller/Christensen,* Juristische Methodik, S. 222 ff. m.w.N.

167 *Luhmann,* Soziale Systeme. Vgl. zum Begriff des operationalen Realismus auch *Jung,* Identität und Differenz, S. 11 ff.

168 *Luhmann,* Soziale Systeme, S. 15 ff.

169 Vgl. *Luhmann,* Das Recht der Gesellschaft.

170 *Engisch,* S. 14.

171 Das ist der in der Juristenausbildung zur Technik gewordene Prozess der Normarbeit, vgl. *Anders/Gehle,* S. 2 ff. Aus rechtstheoretischer Sicht: *Hassemer*, ARSP 72, 195 ff.

konkretisiert sich die normstrukturelle Einheit der Differenz aus Normbereich und Normprogramm.

Erst aus der Perspektive des operationalen Realismus behält *Müller* Recht: Die Norm ist nur zu verstehen, wenn und weil in ihr auch schon der Blick auf den von ihr angepeilten Bereich sozialer Wirklichkeit enthalten ist. Eine Norm ist nicht zu verstehen, wenn sie nicht erkennen lässt, auf welchen Wirklichkeitsbezirk sie sich bezieht. Und doch bleiben Sein und Sollen im Prozessieren juristischer Normarbeit getrennt. Weil sie nämlich niemals zugleich, sondern immer nur abwechselnd beobachtet werden. In dieser Zeitkomponente des Prozesses liegt die Möglichkeit, die Kraft der Paradoxie durch Auflösung im Medium Zeit in Erkenntnis umzuwandeln. Auf dieser Basis erhalten wir nun den operativ-realistischen Normbegriff: *Eine Rechtsnorm ist die Einheit der [im Medium Zeit prozessierten] Differenz von Normbereich und Normprogramm.*

IV. Operativer Realismus von Grundrechtsnormen

Die Normbereich/Normprogramm-Differenz ist selbstverständlich auch bei der juristischen Operation mit Grundrechten unausgesprochen mitgeführt; schließlich muss in der Grundrechtsprüfung der Schutzbereich des Grundrechts stets positiv als betroffen festgestellt werden. Bei Grundrechten ist der von der Norm avisierte Bereich sozialer Wirklichkeit nur schwach normerzeugt – ganz im Gegensatz zum Beispiel der sehr stark normerzeugten Normbereiche von Frist- und Terminregelungen[172]. Der Blick etwa auf die Kunstfreiheit, aber auch auf die Wissenschafts- oder die Religionsfreiheit zeigt, dass der Normbereich, den das Grundrecht schützen will, sich als sozial vorgefundene Einheit präsentiert und sich daher gewissermaßen selbst erzeugt. Bei solchen Grundrechten haben wir es mit Rechtsnormen zu tun, die sich als Einheiten der Unterscheidung zwischen nicht-rechtserzeugtem Normbereich und Normprogramm darstellen lassen. Auf welcher Seite dieser differenztheoretischen Definition zeigt sich nun das Spezifikum vorbehaltlos formulierter Grundrechte?

---

172 *Müller/Christensen,* Juristische Methodik, S. 219.

V. Operativer Realismus geschlossener Grundrechte: Der mit der Geschlossenheit bedeutete Normanwendungsbefehl

Die Simulation der herrschenden Lehre von den verfassungsimmanenten Schranken versucht ihre Lösungen allein auf der „rechten Seite", der des Normprogramms. Sie sieht in der vorbehaltlosen Formulierung der Grundrechte einen Normbefehl mit dem Inhalt, dem Grundrecht auf formaler Ebene eine höhere Bedeutung zu verleihen. Die vermeintlichen Bedeutungszuwächse schrankenlos formulierter Grundrechte führen allerdings, wie wir gesehen haben, nicht zu einem Zuwachs an Abwägungsgewicht. Weshalb auch sollten Grundrechte wie die Religions- oder die Kunstfreiheit per se ein größeres Gewicht, das heißt: per se eine größere Bedeutung im Grundrechtssystem einnehmen als beispielsweise die Meinungs-, Presse- oder Rundfunkfreiheit mit ihren starken demokratiefunktionalen Bezügen? Die Hierarchisierung verschiedener Typen von Freiheitsrechten kann nicht überzeugen, weil sie nicht zur Optimierung des Bestands an grundrechtlich verbürgter Freiheit beiträgt. Im System Freiheit ist der Platz begrenzt, und ein abstrakter Vorrang schrankenlos formulierter Grundrechte bedeutet Platzverschwendung. Um die zu vermeiden, musste die Lehre von den grundrechtsimmanenten Schranken ihre Differenzierung als Simulation konstruieren. Alle Projekte, die das Spezifikum vorbehaltlos formulierter Grundrechte als rechtserzeugte Unterschiede auf der Programmseite der Norm suchen, müssen folglich entweder daran scheitern, dass sie gar keinen normsystemadäquaten Unterschied einrichten, oder daran, dass sie eine unerwünschte Hierarchisierung von Grundrechten anlegen.

Unsere *Theorie der normbereichsspezifischen Innenräumlichkeit* konstruiert die Spezialität schrankenlos formulierter Grundrechte daher nicht als Befehl, dem Grundrecht in der Abwägung mit einem kollidierenden Grundrecht einen abstrakten Bonus zu gewähren, ohne dass dieser Bonus durch eine bestimmte Disposition des Grundrechts verdient wäre. Sie ortet die Spezialität schrankenlos formulierter Grundrechte auf der Ebene des Normbereichs der Norm, also im Distrikt sozialer Wirklichkeit, den das System der Grundrechte für Konfliktfälle normativ anspricht.

Die Spezialität der vorbehaltlos formulierten Grundrechte liegt im Merkmal der Innenräumlichkeit, die weite Teile der sozialen Wirklichkeit auszeichnet, in der die gewährleisteten Handlungsfreiheiten schrankenlos formulierter Grundrechte ihren Ort haben. Reguliert die innenräumliche Struktur weiter Teile der Normbereiche schrankenlos formulierter Grundrechte Umweltkontakt, so hat das Auswirkungen auf das Bedürfnis für Beschränkungen dieser Grundrechte durch andere Grundrechte. Denn die Geltungsansprüche anderer Grundrechte dürfen erst dann beschränkend in Anschlag gebracht werden, wenn *normbereichsspezifische Innenräumlichkeit* nicht mehr vor Beeinträchtigungen dieser Grundrechte schützt[173]. Das ist an sich nichts weiter als eine grundrechtsdogmatische Selbstverständlichkeit; permanent verlangt das Normprogramm der Grundrechte – insbesondere der Verhältnismäßigkeitsgrundsatz – dem Rechtsanwender rekursive Vor- und Rückgriffe auf den Normbereich ab, konkret: auf tatsächliche Verletzungen mit tatsächlich messbarer Intensität.

Die *Theorie der normbereichsspezifischen Innenräumlichkeit* lässt also die Technik der Grundrechtsprüfung unverändert. Weil sie ihre Unterscheidungen im Normbereich der Grundrechte trifft, kann sie auch gar nicht anders. *Was sie aber leistet, ist darauf aufmerksam zu machen, dass das System schrankenlos formulierter Grundrechte in seinem Normbereich einen strukturellen Unterschied aufweist, der bei der Anwendung des Normprogramms zwingend mitverarbeitet werden muss.*[174]

VI. Operativer Realismus im Normanwendungsprozess: Normbereichsanalyse

Die schrankenlose Formulierung der Kunstfreiheit dient nach dem Gesagten dazu, den normkonkretisierenden Prozess des Hin- und Herwanderns von Aufmerksamkeit zu steuern, indem sie die Aufmerksamkeit auf die *normbereichsspezifische Innenräumlichkeit* des Grundrechts lenkt. Der damit verbundene Normbefehl, Innenräumlichkeit bei der Normanwendung mitzuverarbeiten, lässt sich indes nur erfüllen, wenn die für den jeweiligen Fall relevante Innenräumlichkeit des Normbereichs auch ausgearbeitet vorliegt. Eines der zentralen Defizite der „Esra“-Entscheidung ist in der mangelhaften Erarbeitung der Normbereiche der beteiligten Grundrechte zu sehen. Den Normbereich in der Norman-

---

173 Normativer Gewährleistungsbereich und sozial vorgefundener Schutzbereich sind nahezu kongruent. Nur dort, wo faktische Normbereichskollisionen auftreten, dort wo Kunst also tatsächlich andere Freiheiten verkürzt, darf ein rechtlicher Gewährleistungskonflikt angenommen werden. Die Schutzbereichsbestimmung am Maßstab kollidierenden Verfassungsrechts kann daher nur die faktischen Konfliktlinien freilegen, wie sie im normbereichserzeugten Normbereich der Grundrechte, also im Bereich der sozialen Wirklichkeit, immer schon vorliegen. Vgl. *Roth,* Faktische Eingriffe in Freiheit und Eigentum, S. 494 ff.

174 Vgl. auch *Misera-Lang,* Dogmatische Grundlagen der Einschränkbarkeit vorbehaltloser Freiheitsgrundrechte, S. 235: „Für die vorbehaltlosen Grundrechte ist die präzise Schutzbereichsbestimmung mittels Auslegung in besonderer Weise ein dogmatisches Gebot.“ Ein Befund, welcher der Sache nach an *Müller,* Freiheit der Kunst als Problem der Grundrechtsdogmatik, S. 56 ff. anschließt.

wendung mitzuverarbeiten, verlangt mithin nach einer vorgängigen Normbereichsanalyse[175].

Da die *Theorie der normbereichsspezifischen Innenräumlichkeit* im Einklang mit *Misera-Langs* Sozialbezugsgedanken keinen Anspruch darauf erhebt, die Geschlossenheit sämtlicher vorbehaltlos formulierter Grundrechte abschließend zu erklären, bleibt uns eine Analyse der Innenräumlichkeit der hier nicht im Streit stehenden Grundrechte erspart. Die zu leistende Normbereichsanalyse kann sich auf das Grundrecht der Kunstfreiheit beschränken. Auch hier bedarf es für unsere Zwecke keiner umfassenden Normbereichsanalyse. Eine solche, den gesamten Normbereich erschließende Innenräumlichkeitsanalyse wäre auch kaum erbringbar. Da sich das Erkenntnisinteresse am Normbereich der Kunstfreiheit auf deren Neigungen zur Verletzung des Allgemeinen Persönlichkeitsrechts beschränkt, braucht die Analyse den Normbereich auch nur in den hierfür schadensgeneigten Gebieten abzutasten.

1. Kunstspezifische Innenräumlichkeit: Kommunikative Geschlossenheit durch Unbestimmtheit der mitgeteilten Information

Dank der Definition des Allgemeinen Persönlichkeitsrechts inklusive seiner basalen Verletzungsmodi Kommunikation und Beobachtung wissen wir, wonach im Normbereich der Kunstfreiheit zu suchen ist: Nach dem Filter, der die Kommunikationen und Beobachtungen des Kunstwerks und seiner Rezipienten persönlichkeitsschützend abmildert. Für die Suche soll einmal mehr auf die Arbeiten *Niklas Luhmanns* zurückgegriffen werden. Dessen soziologische Beschreibung von Kunst als Kommunikationsform eignet sich nicht zufällig zur Normbereichsanalyse. Auch nicht, weil der Soziologe *Luhmann* gelernter Jurist war. Da Grundrechtsnormen nach dem hier entworfenen Normbegriff auf die normbereichserzeugten Normbereiche der Grundrechte verweisen, müssen wir mit einer gewissen Zwangsläufigkeit auf soziologische Analysen zurückgreifen. Weshalb gerade das soziologische Werk *Luhmanns* für unsere Zwecke wie geschaffen ist, liegt daran,

175 Das ist das Kernthema *Friedrich Müllers,* der in der Normbereichsanalyse den zentralen Schritt für die Entwicklung einer Partikulardogmatik der Kunstfreiheit sieht, vgl. *Müller,* Freiheit der Kunst als Problem der Grundrechtsdogmatik, S. 50 ff. Insoweit wird ihm hier auch gefolgt. Die Technik, die *Müller* dann jedoch zur Normbereichsanalyse verwendet, stellt sich aus unserer Sicht als unzulässige Verkürzung des Schutzbereichs der Kunstfreiheit dar. Auf die *Müllersche* Technik der Normbereichsanalyse wird hier daher nicht weiter eingegangen. Dazu *Müller,* Freiheit der Kunst als Problem der Grundrechtsdogmatik, S. 63 ff; zur Kritik vgl. *Misera-Lang,* Dogmatische Grundlagen der Einschränkbarkeit vorbehaltloser Freiheitsgrundrechte, S. 256 ff.

dass *Luhmann* Kunst als auf Kommunikation beruhendes gesellschaftliches Funktionssystem konstruiert. Mit „Die Kunst der Gesellschaft“ liefert *Luhmann* eine auf das soziale System Kunst zugeschnittene Variation seiner in „Soziale Systeme“ entworfenen allgemeinen Systemtheorie. Diese allgemeine Systemtheorie setzt voraus, dass sich durch kommunikative Evolutionsprozesse gesellschaftliche Funktionssysteme herausgebildet haben[176]. Zentrale Funktionssysteme der modernen Gesellschaft sind etwa Politik, Wirtschaft, Recht[177]. Zu sozialen Systemen zählen sie, weil ihre basalen Operationen aus Kommunikation bestehen[178]. Soziale Systeme bestehen aus Kommunikationen und differenzieren sich durch die Ausbildung ihrer je eigenen Sprache[179]. Da *Luhmann* in diesem Sinne auch Kunst als gesellschaftliches (Sub-)System setzt, das sich durch sprachliche Evolution herausdifferenziert hat[180], leisten seine soziologischen Arbeiten zur Kunst der Gesellschaft wertvolle, normbereichsspezifische Innenräumlichkeit erschließende Dienste.

Luhmann begreift Kunst als in der Gesellschaft operierendes System, das sich trotz seiner Zugehörigkeit zur Gesellschaft von den übrigen Funktionssystemen Politik, Wirtschaft, Recht, etc. abgrenzt. Einfach gesprochen fragt er, wie Kunst in ihrer systemeigenen Sprache so kommuniziert, dass sie als Kunst unterscheidbar wird[181]. Wie sich Kunst kommunikativ von den übrigen Kommunikationsformen so abschließt, dass sie als Kunst erst beobachtbar wird, trifft genau unser Problem nach der Verletzbarkeit des Allgemeinen Persönlichkeitsrechts. *Luhmann* gibt die Antwort wie folgt: Was Kunst ganz allgemein weniger anfällig für Kommunikationen und Beobachtungen macht, die sich nachteilig auf die psychisch-soziale Integrität der Person auswirken können, *ist die spezielle Form, wie (im Medium Kunst) Wahrnehmung und Kommunikation miteinander gekoppelt sind.*

a) Trennung von Wahrnehmung und Kommunikation

Erst einmal scheint die Sorgfalt, die *Luhmann* schon ganz zu Beginn von „Die Kunst der Gesellschaft“ auf die strikte Trennung von Wahrnehmung und Kommunikation verwendet, für eine soziologische Theorie der Kunst etwas irritierend. Sie beruht auf der fundamentalen Trennung sozialer Systeme von psychi-

---

176 Einführend zu System und Funktion *Luhmann,* Soziale Systeme, S. 30 ff.

177 *Luhmann* behauptet nicht, dass es diese Systeme im Sinne ontologischer Entitäten „gibt“, seine Theorie setzt es voraus: *ders.,* Soziale Systeme, S. 30: „Die folgenden Überlegungen gehen davon aus, dass es Systeme gibt.“

178 Systeme bestehen nicht aus Handlungen, sondern aus Kommunikationen, vgl. ebenda, S. 191 ff.

179 Zur sprachlichen Kodierung der Kunst siehe *ders.,* Schriften zu Kunst und Literatur, S. 301 ff.

180 Vgl. zur Kunstevolution, *ders.,* Die Kunst der Gesellschaft, S. 341 ff.

181 *Ders.*, Die Kunst der Gesellschaft, S. 77 ff.

schen Systemen. Soziale Systeme bestehen aus nichts Grundlegenderem als aus Kommunikationen. Dass Kommunikationssysteme dabei auf psychische Systeme zur Wahrnehmung von Sprache angewiesen sind, ändert nichts an der Trennung beider Systeme. Jedes System kann nur auf die ihm eigenen Operationen zurückgreifen. Trotz der strukturellen Kopplungen der Systeme gilt: Psychische Systeme können wahrnehmen, nicht aber kommunizieren; soziale Systeme können nur kommunizieren, nicht aber wahrnehmen. Soziale Systeme bestehen folglich nicht aus Bewusstsein, sondern allein aus Kommunikation.[182]

Luhmanns Trennung von Wahrnehmung und Kommunikation kann analog zur sprachtheoretischen Unterscheidung von Wort und Bedeutung verstanden werden. Die wahrgenommenen Sprachzeichen enthalten Bedeutung erst durch die Zuschreibung im Kommunikationsprozess[183]. Aus der reinen Wahrnehmung der Sprachzeichen erwächst keine Bedeutung. Kommunikation im Sinne einer auf Verstehen ausgerichteten Mitteilung einer Information ist also auf Wahrnehmungsgegenstände angewiesen. Aber lediglich als zeichenhaftes Transportmittel.[184]

b) Kunstspezifische Trennung von Kommunikation und Wahrnehmung

Die Trennung von Wahrnehmung und Kommunikation bringt uns mit Blick auf das Allgemeine Persönlichkeitsrecht einen bedeutenden Schritt weiter. Sie zeigt, dass Kommunikation auf Wahrnehmungsgegenstände angewiesen ist, aber nicht mit ihnen identisch ist. Für die nicht künstlerische Alltagskommunikation fällt die Trennung nicht weiter auf. Zu eingeübt hat sich der alltägliche Gebrach der Sprachzeichen. Kunst macht sich diesen blinden Fleck der Trennung von Wahrnehmung und Kommunikation in der alltagssprachlichen Kommunikation zunutze, indem sie mit der Trennung spielt. Ein Kunstwerk zu sehen, heißt zu erkennen, dass hier mit Hilfe der so-und-so formulierten und wahrnehmbaren Gegenstände etwas mitgeteilt werden soll, dass von der Alltagsbedeutung der Wahrnehmungsgegenstände abweicht.[185]

182 Ebenda, S. 82 ff. Daher kommen in *Luhmanns* sozialer Systemtheorie auch keine Menschen vor.

183 Ein Zeichen ist danach die Einheit von Bezeichnendem und Bezeichnetem, von Signifikant und Signifikat, vgl. *Saussure,* Grundfragen der allgemeinen Sprachwissenschaft, S. 134.

184 „Interpretation ist die strukturelle Kopplung von Kommunikation und Bewusstsein", vgl. Jahraus, Literaturtheorie, S. 195, m.w.N.

185 Kunst „setzt, wenn sie als Form gelingt, eine besondere Art von Kommunikation in Gang, die Wahrnehmenkönnen oder Imagination in Anspruch nimmt und doch nicht mit der normal wahrgenommenen Welt verwechselt werden kann. Weil es hergestellt ist, ist das Kunstwerk unvorhersehbar und erfüllt damit eine unerläßliche Vorbedingung für Information. Auch die Auf-

So kommt es auch, dass normale Alltagsgegenstände, als Kunst verstanden, eine kommunikative Bedeutung erhalten können. Da Kunstkommunikation von Alltagskommunikation so abweichen muss, dass Kunst als Kunst erst erkennbar wird, zielt Kunst auf Kommunikation, die jenseits der Alltagsbedeutung der Wahrnehmungsgegenstände des Kunstwerks liegt. Das hat zwei Konsequenzen. Erstens: Die Aufmerksamkeit wird von fest definierten Bedeutungen abgelenkt. Zweitens: Die im Kunstwerk angelegte, an die Stelle der Alltagsbedeutung tretende Kommunikation ist nicht abschließend bestimmbar. Durch ihre der Interpretation offene Unbestimmtheit bleibt der Inhalt der Mitteilung des Kunstwerks unklar[186]. Kunstkommunikation wirkt wegen ihrer interpretatorischen Unbestimmtheit als Distanz erzeugender Filter. Weil über die Aussagen des Kunstwerks immer nur im Modus der Hypothese gesprochen werden kann. Was der Beobachter eines Kunstwerks über die durch das Kunstwerk selbst getroffenen Beobachtungen sagen kann, bleibt immer hypothetisch. Kunstkommunikation hemmt dadurch ihre kommunikationsspezifischen Neigungen zur Verletzung von Persönlichkeitsrechten. Durch die Unbestimmtheit der mitgeteilten Information trifft Kunst keine bestimmten, personenbezogenen Aussagen. Die personenbezogene Werkinterpretation bleibt eine Möglichkeit unter vielen.

Die Innenräumlichkeit der Kunst, genauer: des Kunstwerks, besteht also in der Verschlossenheit der mitgeteilten Information. Weil das Kunstwerk als Kommunikationsform erkennbar ist, eröffnet es dem verstehenden Beobachten einen bloß unbestimmten Zugang. Eine, so könnte man sagen, „hermeneutische Hermetik des Kunstwerks", die mit ihren unbestimmten Interpretationsmöglichkeiten den Filter für Persönlichkeitsrechtsverletzungen errichtet. Innerhalb der so beschaffenen *normbereichsspezifischen Innenräumlichkeit* des Kunstwerks ist es der Werkbeobachter, der mit seiner Interpretation auch die persönlichkeitsverletzenden Verständnismöglichkeiten durchspielt. Sofern andere Interpretationsmöglichkeiten noch wahrscheinlich sind, bleiben auch persönlichkeitsschädliche Interpretationen immer hypothetisch. Kunst trennt Wahrnehmung und Kommunikation, indem sie von der Alltagsbedeutung der Anschauungsgegenstände absieht und die an ihre Stelle tretende Kunstbedeutung im Unklaren lässt. So führt die Trennung von Wahrnehmung und Kommunikation dazu, dass wir durch das Kunstwerk hindurch alles Mögliche sehen können, aber nichts mit Sicherheit. Auch nicht Personen der realen Realität.

---

fälligkeit der Kunstform erzeugt, wie in anderer Weise auch die Auffälligkeit der akustischen und optischen Sprachmittel, eine Faszination, die zur Information wird, indem sie den Systemzustand ändert […].", *Luhmann,* Die Kunst der Gesellschaft, S. 47 f.

186 Für das Beispiel Literatur vgl. *Culler,* Literaturtheorie, S. 81 ff.

2. Romanspezifische Zusatzinnenräumlichkeit: Fiktionale Geschlossenheit durch Unbestimmtheit der Realitätsreferenz

Der strukturelle Schädlichkeitsfilter für Kunstkommunikation wirkt freilich nicht für die Anschauungsgegenstände des Kunstwerks. Sie erschließen sich dem Beobachter unmittelbar und unterscheiden sich in ihrer Verletzungswirkung grundsätzlich nicht von allen anderen Anschauungsgegenständen. Beispielhaft sei hier auf den Bühnenmord oder auf pornografische Kunst verwiesen. Hier hilft es dem Ermordeten nicht, dass das den Mord enthaltende Kunstwerk kommunikativ auch etwas anderes bedeuten könnte, als eine Persönlichkeitsverletzung. Hier liegt die Verletzung bereits im Diesseits der durch Kunstkommunikation verwendeten Sprachzeichen: der Anschauungsgegenstände.

Für Sprachkunstwerke gilt hinsichtlich der Anschauungsgegenstände und ihrer Verletzungswirkung eine Ausnahme. Literatur, insbesondere der Roman, richtet eine normbereichsspezifische Zusatzinnenräumlichkeit ein, die über die allgemeine, kunstspezifische Innenräumlichkeit hinausgeht. Und zwar schon auf Ebene der Anschauungsgegenstände. Die Anschauungsgegenstände der Literatur werden – unter Verwendung der alltäglichen Sprachzeichen der Schriftsprache – imaginiert. Wie die faktuale Erzählung muss auch der Roman auf schriftsprachlich vermittelte Imagination seiner Anschauungsgegenstände zurückgreifen. Die Sprache des Romans muss sich dabei nicht zwingend von der Sprache faktualer Erzähltexte unterscheiden. Die Welt des Erzählten ist in beiden Fällen imaginär, weil sich der Leser etwas vorzustellen hat. Ein und derselbe Erzähltext kann seinem Erscheinungsbild nach fiktional oder faktual sein, ohne dass man es ihm ansehen müsste.[187]

Um die kunstspezifische Trennung von Wahrnehmung und Kommunikation zu prozessieren, ist Romankunst auf Fiktionalität angewiesen. Fiktionalität ist der Zusatzinnenraum, den Romankunst der kunstspezifischen Innenräumlichkeit hinzufügt. Um von der Alltagsbedeutung der Sprache einer faktualen Erzählung absehen zu können, muss der imaginierte Anschauungsgegenstand in die fiktionale Realität überführt werden. Der Leser eines Romans erkennt das Fehlen des Referenzialisierungsanspruches und fasst das zu imaginierende Erzählte als fiktiv auf. Das bei der Romanproduktion intendierte und der Romanrezeption erkannte Absehen von Referenzialisierung im Medium Referenzialisierbarkeit eröffnet die Möglichkeit von Kommunikation, die über das Erzählte hinausgeht. Durch dieses unbestimmte Mehr an möglicher Kommunikation, die der Interpretation

187 *Martinez/Scheffel*, Einführung in die Erzähltheorie, S. 9 ff.

freisteht, wird die Erzählung zur Kunstkommunikation, der Roman zum Kunstwerk.

Die auf den Roman bezogene *normbereichsspezifische Innenräumlichkeit* der Kunstfreiheit entsteht folglich durch den Rückgriff auf Fiktionalität. Fiktionalität, das haben wir oben bereits gesehen, entsteht, indem der Text – wodurch im Einzelnen auch immer – keinen Anspruch darauf erhebt, sich auf Gegenstände der realen Realität zu beziehen. Weil dies aber Realitätsreferenz als Möglichkeit nicht ausschließt, und Fiktionalität auf die Übertragung von Formen der realen Realität angewiesen ist, entsteht Fiktionalität unter Zuhilfenahme von Referenzialisierbarkeit. Referenzialisierbarkeit ermöglicht die Übertragung von Gegenständen der realen Realität in die fiktionale Realität, ohne die Verbindungen der Gegenstände zu ihrer Heimat abzutrennen.

Mit der Übertragung von Gegenständen der realen Realität in die fiktionale Realität sorgt Referenzialisierbarkeit als Medium nun dafür, dass der Rücktransport einzelner Erzählgegenstände im Wege der Referenzialisierung plötzlich als Interpretationsmöglichkeit des Romans ins Spiel kommt. Einzelne Referenzialisierungen erscheinen im Medium Referenzialisierbarkeit dann als Kommunikationsmöglichkeiten eines insgesamt bedeutungsoffenen Kunstwerks[188]. Der Roman grenzt sich von den Gegenständen faktualer Erzählungen ab, indem er die Realitätsreferenz seiner Erzählgegenstände mindestens auf das Maß einer bloßen Interpretationsmöglichkeit herabregelt. Die Faktualitätshypothese wird zur Interpretationsmöglichkeit des Romantextes. Darin besteht die Filterwirkung des Romans für Verletzungen des Allgemeinen Persönlichkeitsrechts. Dann freilich kann im Ergebnis für die *normbereichsspezifische Innenräumlichkeit* der Romankunstfreiheit nichts anderes gelten als das oben für die Kunstfreiheit im Allgemeinen Gesagte:

Auch der Roman trennt Wahrnehmung und Kommunikation, indem er von der Alltagsbedeutung der Anschauungsgegenstände absieht und die an ihre Stelle tretende Kunstbedeutung im Unklaren lässt. Zu diesen Unklarheiten gehört grundsätzlich auch die Realitätsreferenz der Erzählgegenstände. So führt die Trennung von Wahrnehmung und Kommunikation dazu, dass wir durch den Roman hindurch alles Mögliche auf die reale Realität beziehen können, aber nichts mit Sicherheit. Auch nicht Figuren auf Personen.

---

188 *Culler,* Literaturtheorie, S. 48 f.: „In fiktiven Texten ist das Verhältnis zwischen dem, was die Sprecher sagen, und dem, was die Autoren denken, immer eine Frage der Interpretation. Ebenso verhält es sich mit der Beziehung zwischen erzählten Ereignissen und lebensweltlichen Situationen. [...] Der Kontext von Fiktionen [hingegen] lässt die Frage, wovon sie eigentlich handeln, explizit offen. Der Wirklichkeitsbezug ist nicht so sehr eine Eigenschaft literarischer Werke als eine Funktion, die ihnen durch die Interpretation erst zukommt."

3. Abschließende Bestimmung der romanspezifischen Innenräumlichkeit der Kunstfreiheit

Den Normbereich der Kunstfreiheit danach zu untersuchen, ob Romanerzählungen einen kommunikativen Innenraum konstruieren, der wie ein Filter für Verletzungen des Allgemeinen Persönlichkeitsrechts wirkt, war Ansinnen der vorstehenden Normbereichsanalyse. Das positive Ergebnis dieser Analyse kann jetzt zum Abschluss des Kapitels festgehalten werden: Die *romanspezifische Innenräumlichkeit* der Kunstfreiheit ist der Innenraum der Fiktionalität. Innerhalb dieses Raumes spannt sich die fiktionale Realität der Romanerzählung auf. Wegen der auf der Suspension der Referenzialisierungsansprüche beruhenden Trennung von realer Realität und fiktionaler Realität hatten wir die Hoffnung, dass fiktionale Innenräumlichkeit Beobachtungen und Kommunikationen die sich nachteilig auf die psychisch-soziale Integrität der Person auswirken können, blockiert oder zumindest abmildert. Diese Hoffnung hat sich bestätigt. Fiktionale und reale Realität sind für die jeweils andere kommunikativ geschlossen.

Gleichwohl bestehen Kopplungen zwischen den getrennten Realitäten. Sie zeigen sich im Medium Referenzialisierbarkeit. Referenzialisierbarkeit ist die Möglichkeit, Gegenstände der fiktionalen Realität auf Gegenstände der realen Realität zu beziehen. Als Medium für Referenzialisierungsmöglichkeiten besteht für Referenzialisierungen keine Notwendigkeit: Fiktionale Erzählungen werden erst durch den Verzicht auf notwendige Referenzialisierung denkbar. Die Differenz von Möglichkeit und Notwendigkeit lässt dann schließlich die allgemeine *kunstspezifische Innenräumlichkeit* der Kunstfreiheit wirksam werden: Die Unbestimmtheit der durch Kunstkommunikation mitgeteilten Information. Der Innenraum der Kunst besteht in der Verschlossenheit der durch ihr mitgeteilten Information. Dass überhaupt mitgeteilt wird, ist klar. Was aber genau mitgeteilt wird, muss unbestimmt bleiben, sonst liegt keine Kunstkommunikation vor. Auch Referenzialisierbarkeit gerät so durch ihre reine Möglichkeitsform zu einer von vielen unbestimmten Zugängen für die Interpretation des Kunstwerks. Als eine von vielen möglichen Interpretationshypothesen. Damit steht fest: Der Roman zwingt nicht dazu, Figuren auf Personen zu beziehen. Dort, wo der Bezug als Interpretationsmöglichkeit wahrgenommen wird, wo also Figuren auf Personen bezogen werden, geschieht dies im Modus der Hypothese. Als Möglichkeitsform entsteht sie aus der zusammengenommenen Innenräumlichkeit der Kunst im Allgemeinen und des Romans im Speziellen. Tatsächlich handelt es sich bei den beiden Innenräumlichkeiten um Erscheinungsformen ein und derselben Form von *normbereichsspezifischer Innenräumlichkeit:* Von Hypothetizität. Sie ist der eigentliche Filter, den Kunstkommunikation zwischen das Kunstwerk und die reale Realität legt. Sämtliche Blicke, die das Kunstwerk auf die reale Realität werfen kann, passieren den Filter der Hypothetizität. Ob sich die Beobachtungen und Kommunikationen des Romans nun auf die reale Realität beziehen oder nicht, ob Figuren sich auf Personen beziehen oder nicht, sie passieren den Filter der Hypothetizität und verharren daher in der bloßen Möglichkeitsform. Da die Diskussion einer Hypothese selbst auch eine Beobachtung der realen Realität darstellt, kann sie in das Allgemeine Persönlichkeitsrecht eingreifen. Und je kleiner die interpersonale Beziehungssphäre, desto größeren Abstand hat die Außenbeobachtung zu wahren, um Schäden an der psychisch-sozialen Integrität der Person zu vermeiden. Das haben wir im dritten Kapitel gesehen. Am Ende dieses Kapitels nun steht die Erkenntnis, dass die Außenbeobachtung, wenn sie den Filter der Hypothetizität durchlaufen muss, immer eine größere Beobachtungsdistanz einhält, als die mit Notwendigkeit sich auf die reale Realität beziehende Beobachtung der faktualen Erzählung, die keinen kunstspezifischen Referenzialisierungsfilter enthält. Wie groß dieser Abstand sein kann, wie er sich zwischen Figur und Person mit welchen kommunikativen Mitteln modulieren lässt und: welches Gewicht er im Rahmen eines Abwägungsmodells zugewiesen bekommt, ist Sache des folgenden Kapitels.

Kapitel 5: Fiktion-Hypothese-Dogma: Ein Abwägungsmodell

Das Allgemeine Persönlichkeitsrecht schützt vor Kommunikationen und Beobachtungen, die geeignet sind, sich nachteilig auf die psychisch-soziale Integrität der Person auszuwirken. Referenzialisierbarer Romanstoff ermöglicht Faktualitätshypothesen als textimmanente Interpretationsmöglichkeiten. Zählen Romanfiguren und deren Handlungen zum referenzialisierbaren Romanstoff, stellt die dadurch ermöglichte Faktualitätshypothese eine beobachtende Verbindung zwischen Figur und Person her. Auf diese Art greift *Gefährlicher Stoff* in den Schutzbereich des Allgemeinen Persönlichkeitsrechts ein. Wegen der *normbereichsspezifischen Innenräumlichkeit* der Kunstfreiheit ist die Form der Beobachtung, die Romane auf Personen ermöglichen, mit einem Beobachtungsdämpfer versehen, der Figur und Person auf Distanz hält. Im Vergleich zur Personenbeobachtung faktualer Texte steht zwischen Figur und Person immer der Filter der Hypothetizität. Wegen der unüberbrückbaren Differenz zwischen Figur und Person im Medium Referenzialisierbarkeit ist Hypothetizität bei der Abwägung der in Konflikt stehenden Grundrechte zwingend mitzuverarbeiten. Die Ausarbeitung und Mitverarbeitung *normbereichsspezifischer Innenräumlichkeit* ergibt sich als Normanwendungsbefehl aus der Geschlossenheit geschlossener Grundrechte.

So sieht – in knapper Skizze – das Ergebnis unserer partikulardogmatischen Anreicherungen des Allgemeinen Persönlichkeitsrechts und der Kunstfreiheit aus. Wir rekapitulieren: Die Anreicherung war nötig, weil die „Esra“-Entscheidung des BVerfG nicht nur fiktionstheoretisch, sondern auch grundrechtsdogmatisch nicht auf sicherem Boden stand. Nach der fiktionstheoretischen Reformulierung und der partikulardogmatischen Anreicherung der drei mittleren Kapitel dürfte die vorliegende Arbeit nun hinreichend festen Boden geschaffen haben, um ihr eigenes Abwägungsmodell zur Debatte zu stellen. Es handelt sich um ein Hypothetizität als Filter zwischen Figur und Person bewertendes Modell. Es erhebt die folgenden Ansprüche: Um praxistauglich zu bleiben, verarbeitet es das Abwägungsmodell der „Esra“-Entscheidung, und zwar in der Gestalt, die es durch die Arbeiten des zweiten Kapitels angenommen hat. Danach steht fest, dass es sich bei Referenzialisierbarkeit um ein Kopplungsmedium handelt, das Figur und Person in modulierbarer Festigkeit miteinander verbindet. Unsere Aufgabe besteht also nun nur noch darin, ein Konzept der Bewertung von Kopplungsfestigkeit zu entwerfen. Das Modell bleibt ein Wertungsmodell, das seine Wertungen auf einem hohen Rationalitätsniveau treffen und seine Wertungsspielräume ebenso wie seine Wertungskriterien offen legen soll. An Stelle einer abstrakten Abwägung von Grundrechten, die sich nur äußerst begrenzt rationalisieren und kontrollieren lässt, soll die Abwägung von konkreten Grundrechtseingriffen mit konkreter Eingriffsintensität im Vordergrund stehen. Der Verhältnismäßigkeitsgrundsatz soll in seiner Eigenschaft als stark sachhaltiger Norm, die auf die Ermittlung tatsächlicher Verletzungen mit tatsächlicher Intensität angewiesen ist, ernst genommen werden und die empirischen Elemente, die er normativ verarbeitet, angeben. Die partikulardogmatische Aufbereitung der betroffenen Grundrechte hat hierfür den Grund gelegt.

I. Abwägungsgrundlagen des BVerfG als tragfähige Normprogrammbasis

Liegt Gefährlicher Stoff vor, dürfen die Kopplungen zwischen Figuren und Personen im Medium Referenzialisierbarkeit nicht unverhältnismäßig fest sein. Sind die Kopplungen fest, darf der referenzialisierbare Stoff nicht unverhältnismäßig gefährlich sein. So lautet die vom BVerfG verwendete Abwägungsformel in der Gestalt, die sie durch die fiktionstheoretische Reformulierung des zweiten Kapitels angenommen hat. Als normprogrammatische Basis für die Abwägung der Kunstfreiheit mit dem Allgemeinen Persönlichkeitsrecht eignet sie sich, weil sie mit den Ergebnissen der partikulardogmatischen Anreicherungen des dritten und vierten Kapitels kompatibel ist. So lautete die sphärentheoretische Formel für die Bestimmung der Intensität möglicher Eingriffe in das Allgemeine Persönlichkeitsrecht wie folgt: *Je kleiner die interpersonale Beziehungssphäre, desto größeren Abstand hat die Außenbeobachtung zu wahren, um Schäden an der psychisch-sozialen Integrität der Person zu vermeiden.* Größerer Beobachtungsabstand bedeutet losere Kopplung, während kleine Beobachtungssphären die Gefährlichkeit von *gefährlichem Stoff* erhöhen. Auch das Ergebnis des vierten Kapitels, wonach die normbereichsspezifische Innenräumlichkeit der Kunstfreiheit Distanz zwischen Figur und Person errichtet, lässt sich im Abwägungsmodell des BVerfG problemlos mitverarbeiten. Damit verträgt sich die gerichtliche Abwägungsbasis auch mit dem Normbefehl der Kunstfreiheit gemäß Art. 5 Abs. 3 GG, wonach normbereichsspezifische Innenräumlichkeit wertend in Ansatz zu bringen ist. Die Voraussetzungen für eine wertende Abwägung liegen – verfassungsgerichtlich ausgearbeitet und durch das zweite Kapitel fiktionstheoretisch reformuliert – vor.

II. Wertungskriterien des BVerfG als austauschbedürftiges Fragment

Die Wertungskriterien, die das BVerfG unter dem Begriff der kunstspezifischen Betrachtung zur Abwägung heranzieht, halten schon einem formallogischen Abgleich mit den Abwägungsgrundlagen nicht stand. Das ist im zweiten Kapitel gezeigt worden. Die das Romanverbot im Ergebnis tragende Tabuzone für sexuelle Schilderungen verträgt sich nicht mit dem Abwägungsmodell, weil sie die Trennung zwischen Figur und Person aufgibt, so dass Referenzialisierbarkeit als Texteigenschaft zugunsten von Faktualität verabschiedet wird. Abgesehen davon sind aber auch die textinternen Modulationskriterien, die das BVerfG im Rahmen seiner kunstspezifischen Betrachtung vornimmt, zu Recht kritisiert worden[189]. Die abwägungsleitenden Wertungen der „Esra"-Entscheidung können nicht überzeugen, weil sie in der einen Hinsicht rechtsstaatlich-methodisch undiszipliniert ablaufen, und in der anderen Hinsicht Ausdruck einer merkwürdigen Textgläubigkeit sind, die meint, kommunikative Kopplung von Figur und Person sei allein durch textimmanente Modulation steuerbar[190].

1. Textimmanente Modulationskriterien

Das BVerfG wertet den Fall „Esra" hinsichtlich der Referenzialisierbarkeit der Romanfigur Lale, der Mutter der Romanfigur Esra, zugunsten der Kunstfreiheit. Wegen der distanzierten Erzählweise des Romantextes soll der Eingriff in das Allgemeine Persönlichkeitsrecht gerechtfertigt sein[191]. Weil der Ich-Erzähler nicht aus eigenem Erleben, sondern vom Hörensagen berichtet, folgert das Gericht eine stärkere Kopplung von Figur und Person. Das kann nicht überzeugen. Die Stärke der Kopplung von Figur und Person kann sich nicht aus dem Romantext ergeben, der seine romanspezifischen Fiktionalitätsgrenzen aus sich heraus gar nicht überschreiten kann. Nur wer den realen Autor des Romans mit dem fiktiven Ich-Erzähler des Romantextes verwechselt, kann hier einen durch die Erzählweise abgemilderten Eingriff in das Allgemeine Persönlichkeitsrecht annehmen. Unter diesen Bedingungen freilich ist die Fiktionalitätshypothese, die das BVerfG Romanen zubilligt[192], außer Kraft. Wenn man sich über die Interpre-

189 BVerfGE 119, 1 (42, 52 f.) = NJW 2008, 39 (45 f., 48).

190 Die literaturtheoretischen Schwächen der „Esra"-Entscheidung, hier vor allem in Form der Vernachlässigung der Produktions- und Rezipientenseite legt *Riedel,* Vermutung des Künstlerischen, S. 59 ff., offen.

191 BVerfGE 119, 1 (33) = NJW 2008, 39 (43).

192 BVerfGE 119, 1 (28) = NJW 2008, 39 (42).

tation eines Textes nicht im Klaren ist, weil der Text in der Frage nach der richtigen Interpretation offen ist, muss man die Grenzen des Textes transzendieren. Die Methoden der Literaturwissenschaft gehen je nach paradigmatischem Standort immer auch über den reinen Text hinaus. Text ist nicht nur Text, sondern „Text als Produkt eines Autors, Text als Ergebnis der Lektüre eines Lesers und Text als Effekt eines Kontextes“[193].

Das war auch im Fall „Esra“ unübersehbar: Als der Text dem BVerfG vorlag, war er bereits das Ergebnis einer biographischen Lektüre der Klägerinnen des Ausgangsverfahrens. Aber doch auch Gegenstand einer von Verlag und Autor öffentlich geführten Kommunikation über Biographismus und Fiktionalität[194]. An der die Veröffentlichung begleitenden Presse lässt sich ablesen, wie Autor und Verlag die Möglichkeiten des Romans als Referenzialisierungsmittel zum Gegenstand ihrer publizistischen Aktionen gemacht haben[195]. Verlag und Autor waren hier Mitinitiatoren einer öffentlichen Diskussion über die Faktualitätshypothese. Das Gericht verliert zu außertextlicher Kommunikation kein Wort, sondern beschränkt sich in seinem Verständnisbemühen allein auf textimmanente Analysemethoden[196]. Darin liegt einer der Gründe, weshalb man die salomonische Differenzierung zwischen den Romanfiguren Lale und Esra mit ihren je unterschiedlichen Rechtsfolgen für ein rein symbolisches, aber literaturtheoretisch unbeholfenes Zugeständnis an die Kunstfreiheit verstehen kann[197].

2. Referenzialisierbarkeitsverbot für gefährlichen Stoff

Der rechtspolitische Gestus der Kunstfreundlichkeit im stattgebenden Teil der Verfassungsbeschwerde wäre noch zu verkraften gewesen, wenn das Gericht nicht auch bei der Begründung des beschwerdeabweisenden Teils rechtsstaatliche Disziplin hätte vermissen lassen. Denn wozu entwirft das Gericht ein elaboriertes Abwägungsmodell, hoch abstrakt und fein ausdifferenziert, wenn es das Modell dort, wo es gebraucht worden wäre, gar nicht anwendet? Besteht *Gefährlicher Stoff* aus sexuellen Schilderungen, hat es nach Ansicht des BVerfG die

193 *Jahraus,* Literaturtheorie, S. 235.

194 *Wittreck,* Jura 2009, 128 (129) und *Neumeyer,* AfP 2007, 509 (509, 515) berücksichtigen das.

195 Das belegt die Märzausgabe des Nachrichtenmagazins „DER SPIEGEL, 10/2003, S. 146: „Nun drohen Konsequenzen: Die türkische Umweltaktivistin, die – wie im Buch behauptet – den alternativen Nobelpreis erhielt, könnte sich in der Rolle der bösen Schwiegermutter wiedererkennen und klagen. Das fürchtet jedenfalls Billers Verleger Helge Malchow.“

196 Selbst wenn man in Rechnung stellt, dass sich die verfassungsgerichtliche Überprüfungskompetenz nicht auf die Feststellung von Tatsachen erstreckt, wäre das Gericht nicht gehindert gewesen, außertextliche Kommunikation als eingriffsverstärkenden Faktor zu benennen.

197 *Neumeyer,* AfP 2007, 509 (512).

referenzialisierbare Person schlichtweg nicht hinzunehmen, dass Faktualitätshypothesen angestellt werden können[198]. Weshalb das Gericht hier nicht sein Abwägungsmodell zurate zieht, sondern unter dem im zweiten Kapitel geschilderten offenen Bruch mit den eigenen Prämissen Figur und Person gleichsetzt, ist nicht zu verstehen. Das rechtsstaatliche Minimum an Erklärungsarbeit hätte darin bestanden, die Faktualitätshypothese in ihren Auswirkungen auf die psychisch-soziale Integrität der Person bewertend einzuordnen. Stattdessen errichtet das Gericht in einigen wenigen Zeilen eine abwägungsfreie Zone. Das Ergebnis mag vertretbar sein. Aber ohne Wertungskriterien – von einem Wertungsmodell ganz zu schweigen – fehlt es der Entscheidung an rationaler Nachprüfbarkeit und wertungsmäßiger Transparenz. Dass die beteiligten Grundrechte partikulardogmatisch nur schwach differenziert vorlagen, hat seinen Teil dazu beigetragen. So überzeugend das Abwägungsmodell des BVerfG im Fall „Esra“ auch sein mag – seine wertausfüllungsbedürftige Anwendung ist misslungen.

3. Unsachgemäße Einengung des Wertungskorridors

Schon die abweichenden Sondervoten kritisieren, wie die „Esra“-Entscheidung *gefährlichen Stoff,* insbesondere sexuellen Stoff, tabuisiert[199]. Wie sehr diese Tabuisierung mit dem Abwägungsmodell im Konflikt steht, zeigt ein Blick auf die Konsequenzen eines praktizierten Nebeneinanders von Abwägungsmodell und abwägungsfreier Zone. Der Salomonismus des verfassungsgerichtlichen „Esra“-Judikats geht in der Betrachtung der ihm zugrunde liegenden verfassungspolitischen Wertungen weit über die genannte Aufspaltung in stattgebenden und abweisenden Teil hinaus. Weil das Gericht die Normbereiche der konfligierenden Grundrechtspositionen nicht sauber aufgearbeitet hat, blieb ihm Platz für rechtspolitische Nivellierungen. Das richterliche Rechtsempfinden fließt ungesteuert in die Feinjustierung der Entscheidung ein. Und zwar in Form folgender Gerechtigkeitsüberlegung, die in unseren Beobachtungen bisher noch keine Rolle gespielt hat: Das Gericht will den starken Eingriff in die Kunstfreiheit bei sexuellen Schilderungen, die sich auf Personen der realen Realität beziehen lassen, erträglicher wirken lassen, indem es auf der anderen Seite die Schwelle für Eingriffe in das Allgemeine Persönlichkeitsrecht anhebt. Die Anhebung besteht darin, dass Referenzialisierbarkeit im Sinne des Gerichts erst dann vorliegen soll, wenn sie sich dem mit den Umständen vertrauten Leserkreis ohne Anwendung literaturkritischer Analyseverfahren aufdrängt, was regelmäßig

198 BVerfGE 119, 1 (34) = NJW 2008, 39 (44).

199 BVerfGE 119, 1 (40 f., 51 ff.) = NJW 2008, 39 (45, 47 f.).

eine hohe Kumulation von Identifizierungsmerkmalen voraussetzen soll[200]. Damit nimmt das Gericht eine ganze Reihe denkbarer Eingriffe aus dem Schutzbereich des Allgemeinen Persönlichkeitsrechts heraus. Das dritte Kapitel hat gezeigt, dass Referenzialisierbarkeit, gleichviel, in welchem Maße sie sich dem Leser aufdrängt, eine durch Beobachtung und Kommunikation drohende Gefahr für die psychisch-soziale Integrität der von ihr betroffenen Personen darstellt. Weil das BVerfG sich weigert, eine fällige Schutzbereichsdefinition für das Allgemeine Persönlichkeitsrecht vorzulegen, kann es diesen Einschnitt methodisch undiszipliniert, aber eben auch unbemerkt machen. Weil das Gericht ohne partikulardogmatische Entscheidungsgrundlagen arbeitet, entzieht es sich rationaler Kontrolle. Das erscheint vor dem Hintergrund des dritten und vierten Kapitels als Willkür, mit der der Kunstfreiheit hier etwas gegeben werden soll, um ihr dort etwas zu nehmen. Das kann auf der Basis der erarbeiteten Grundlagen nicht überzeugen. Die Abwägungszone zugunsten der Kunstfreiheit schon auf Schutzbereichsebene zu verengen, geht an den sozialen Realitäten, wie sie beide beteiligten Grundrechte in ihren Regelungsintentionen anpeilen, vorbei:

Nehmen wir an, ein Roman enthielte sexuellen Stoff (definiert als besonders gefahrenträchtige Variante von *gefährlichem Stoff*), der sich nur mit einigem Rechercheaufwand, aber im Ergebnis eben doch als auf Personen der realen Realität beziehbar entschlüsseln lässt. Ist er entschlüsselt, macht es für die Person keinen Unterschied, ob sich Referenzialisierbarkeit dem Leser aufdrängt, oder ob recherchiert werden muss. Ist die Recherche erfolgt, droht hier wie dort die persönlichkeitsschädliche Faktualitätshypothese. Die der betroffenen Person drohenden Gefahren unterscheiden sich also überhaupt nicht nach dem Kriterium der Entschlüsselbarkeit[201]. Das verschweigt das BVerfG, weil es seine Tabuzonenthese nicht gefährden will. Nähme es die Gefährlichkeit von Referenzialisierbarkeit insgesamt ernst, mutete es dem Autor zu, bei auch nur im Entferntesten möglicher Referenzialisierbarkeit auf sexuelle Schilderungen zu verzichten. Das bedeutete einen wahrhaft unverhältnismäßigen Einschnitt für die Kunstfreiheit.

---

200 BVerfGE 119, 1 (25 f.) = NJW 2008, 39 (41).

201 In diese Richtung argumentiert das Sondervotum der Richter *Hohmann-Dennhardt* und *Gaier*, BVerfGE 119, 1 (40 f.) = NJW 2008, 39 (45): „Zudem stellt sich die Frage, welche Art von Verfremdung denn dem Autor nahegelegt wird, um die vermeintliche Grundrechtsbeeinträchtigung auszuschließen. Gemeint sein kann wohl nicht, die Schilderung so zu verändern, dass sie möglichem Realen nicht mehr entspricht. Denn ob und wie sich Intimes im Realen abgespielt hat und ob und wie der Autor es gegebenenfalls schon verfremdet hat, kann der Leser nicht erkennen. Auch die Verfremdung der Person hilft nicht viel weiter, solange sie als Vorbild erkennbar ist." [...] Bleibt „eine Person in einer geschilderten intimen Situation erkennbar, ist sie zwangsläufig in Beziehung zu dieser Situation gebracht – unabhängig davon, aus wie vielen identifizierbaren Merkmalen sich die Erkennbarkeit ergibt."

Die Tabuthese für sexuellen Stoff musste also nachjustiert werden. Und so erhöhten die Richter kurzerhand die Schwelle für als Eingriffe anerkannte Referenzialisierbarkeitsformen. Unter Leugnung der Gefährlichkeit romantextlicher Referenzialisierbarkeit schlechthin erklären sie *contra factum* nur noch die sich besonders aufdrängende Referenzialisierbarkeit für verletzungsrelevant. Das Allgemeine Persönlichkeitsrecht, operativ-realistisch verstanden als Einheit der Differenz von Normprogramm und Normbereich, ist damit nicht nur erkennbar verfehlt[202]. Soll Erkennbarkeit im Sinne von Referenzialisierbarkeit erst dann in das Allgemeine Persönlichkeitsrecht eingreifen, wenn sie sich aufdrängt, also gerade keine aufwändigeren Recherchen zu ihrer Entdeckung gebraucht werden, gerät die vollständige Tabuisierung sexueller Romanhandlungen zum Widerspruch in sich. Denn wenn schon kein Eingriff in das Allgemeine Persönlichkeitsrecht angenommen werden kann, dann bedarf es nicht einmal einer Abwägung – von einer Tabuzone ganz zu schweigen!

Hier liegt Missbrauchspotential für den Autor, der nur hinreichend zu verschlüsseln braucht. Verschlüsselt er ordentlich, dann kann er sexuellen Stoff auch dann verwenden, wenn der sich auf Personen der realen Realität beziehen lässt. Mangels Eingriffs in das Allgemeine Persönlichkeitsrecht braucht er ein Romanverbot nicht zu befürchten, obwohl die verschlüsselt referenzialisierbare Person bei erfolgter Entschlüsselung den gleichen Faktualitätshypothesen ausgesetzt ist, wie bei allen anderen extrem *gefährlichen Stoffen.* Auf diese Weise schafft es das BVerfG mit seiner abwägungsfreien Zone, nicht nur die Prämissen des Abwägungsmodells zu dementieren, sondern auch noch den Schutzzweck der Tabuzone ins Gegenteil zu verkehren. Das ist ein harter, und bisher noch viel zu wenig diskutierter Einschnitt in das Allgemeine Persönlichkeitsrecht. Die „Esra“-Entscheidung muss daher in ihren negativen Auswirkungen nicht nur in Bezug auf die Kunstfreiheit, sondern auch auf das Allgemeine Persönlichkeitsrecht kritisch betrachtet werden. Die künstliche Einengung des Wertungskorridors beschädigt beide Grundrechte. Was sich rechtspolitisch noch als salomonisch vertreten ließe, bedeutet nichts Geringeres als einen in die Abwägungsmechanik installierten Verstoß gegen den Verhältnismäßigkeitsgrundsatz. Dass sich dieser Verstoß gleich auf beide beteiligten Grundrechte nachteilig auswirkt, gibt einen Eindruck davon, welchen Schaden man mit Ausgewogenheit anrichten kann.

---

202 Weil der Schutzbereich verkürzt wird, stimmen Gewährleistungsgehalt und Schutzbereich des Allgemeinen Persönlichkeitsrechts nicht mehr überein. Da das Allgemeine Persönlichkeitsrecht normbereichserzeugt ist, stellt das einen Eingriff in das Allgemeine Persönlichkeitsrecht dar: Eine schutzbereichsverletzende Schutzbereichsbestimmung.

III. Neues Wertungsmodell als Plug-in für die tragfähige Normprogrammbasis

Die formalen Abwägungsgrundlagen der „Esra"-Entscheidung sind kompatibel mit den partikulardogmatischen Konzepten des dritten und vierten Kapitels. Wegen seiner Kompatibilität, aber auch im Bewusstsein rechtswissenschaftlicher Notwendigkeit, höchstrichterliche Rechtsprechung soweit es methodisch und rechtsstaatlich nur eben geht, mitzuverarbeiten, soll die „Esra"-Entscheidung nach wie vor Grundlage des im Folgenden vorzustellenden Wertungsmodells bleiben. Das Wertungsmodell versteht sich als Plug-in, als modulare, das heißt: austauschbare Erweiterung einer funktionsfähigen Abwägungsprogrammbasis. Da sich die Einengungen des Abwägungskorridors, wie wir ihn mit der „Esra"-Entscheidung vorfinden, nach dem Gesagten nicht halten lassen, dürfen wir auf die Beschränkung des Referenzialisierbarkeitsbegriffs ebenso verzichten wie auf die Einrichtung einer Tabuzone für sexuelle Schilderungen. Den Tonwertumfang der zwischen Schwarz und Weiß enthaltenen Graustufen zu erhöhen, entspricht dem Normprogramm des Verhältnismäßigkeitsgrundsatzes, gibt dem Richter bei der Einzelfallentscheidung aber auch wieder den vollen Abwägungsspielraum zurück. Spielraum, der nun nach den fragwürdigen Selbstbeschneidungen der „Esra"-Entscheider endlich mit wertender Abwägung aufgefüllt werden kann.

1. Wertungsaufgabe: Rechtliche Abwägung tatsächlicher Schutzbereichseingriffe

Die Wertungsaufgabe besteht darin, den Grundrechtskonflikt begründet aufzulösen. Nach herrschender Auffassung, zu der sich auch das BVerfG im Fall „Mephisto" bekennt[203], sind Grundrechtskonflikte im Wege praktischer Konkordanz aufzulösen[204]. Nach Möglichkeit sind die Schutzbereiche entlang des Verhältnismäßigkeitsgrundsatzes im Einzelfall so aufeinander zuzurichten, dass beide Grundrechte zur größtmöglichen Entfaltung gelangen[205]. Ist eine vermittelnde, beide Grundrechte realisierende Lösung im Einzelfall nicht möglich, führt die

---

203 BVerfGE 30, 173 (193).

204 BVerfGE 41, 29 (51); 77, 240 (255); 81, 298 [308]; *Hesse,* Grundzüge des Verfassungsrechts der Bundesrepublik Deutschland, S. 26 f., 134 f., 138 f., im Anschluss an *Bäumlin,* Staat, Recht und Geschichte, S. 30. Vgl. auch *Lerche,* Übermaß und Verfassungsrecht, S. 125 ff.

205 *Hesse,* a.a.O, Rn. 72: „Verfassungsrechtlich geschützte Rechtsgüter müssen in der Problemlösung einander so zugeordnet werden, daß jedes von ihnen Wirklichkeit gewinnt. [...] beiden Gütern müssen Grenzen gesetzt werden, damit beide zu optimaler Wirksamkeit gelangen können."

Abwägung zum Zurücktreten des einen zugunsten des anderen Grundrechts. Im Fall „Esra“ hat das BVerfG eine vermittelnde Lösung gewählt, indem es der Verfassungsbeschwerde nur zum Teil stattgab. Da diese Mittellösung aber im Ergebnis zu einem totalen Romanverbot geführt hat, sind die Beschwerdeführer de facto in vollem Umfang unterlegen. Für den durch Romane ausgelösten Konflikt zwischen Kunstfreiheit und Allgemeinem Persönlichkeitsrecht kann im Wege praktischer Konkordanz also ein Grundrecht den Vorrang erhalten. Der Roman darf dann entweder weiter verbreitet werden oder es erfolgt ein Verbreitungsverbot. Eine denkbare Mittellösung könnte darin bestehen, lediglich bestimmte Romanpassagen zu verbieten. Im Fall „Esra“ kam diese Möglichkeit wegen der Untrennbarkeit einzelner Passagen nicht in Betracht. Überhaupt wird der Autor im Zweifel von einer solchen Möglichkeit keinen Gebrauch machen wollen. Die Mittellösung ist dem Künstler als Lösung unzumutbar, weil er selbst entscheiden muss, was Gegenstand seiner Kunst ist, und was nicht[206]. De facto erlaubt der Grundrechtskonflikt zwischen Kunstfreiheit und Allgemeinem Persönlichkeitsrecht daher immer nur „Alles-oder-Nichts“-Lösungen.

Da die Auflösung des Grundrechtskonflikts durch den Verhältnismäßigkeitsgrundsatz gesteuert wird, wie er aus dem in Art. 20 GG enthaltenen Rechtsstaatsprinzip folgt, kommt es nach der herrschenden Abwägungsdogmatik auf das Gewicht der dem einen durch das jeweils andere Grundrecht drohenden Einschränkung an. Da keines der hier beteiligten Grundrechte per se ein höheres Gewicht für sich veranschlagen kann, kommt es auf die Bewertung der im Einzelfall drohenden, tatsächlichen Eingriffsintensität an. Was im Grundrechtsprüfungsdreischritt von Schutzbereichsbetroffenheit, Schutzbereichseingriff und Eingriffsrechtfertigung im Wege der Abwägung zu bewerten ist, sind: tatsächliche Verletzungen. Die Bestimmung solcher konkreten Eingriffe verlangt nach sorgfältiger Vorarbeit in den Normbereichen der betroffenen Grundrechte. Das Normprogramm des aus Art. 20 GG folgenden Verhältnismäßigkeitsgrundsatzes enthält – auf der Grundlage des im vierten Kapitel erarbeiteten Normbegriffs – den Normbefehl, im Bereich der von den Grundrechten angepeilten sozialen Wirklichkeit nach tatsächlichen Freiheitsverletzungen Ausschau zu halten. Die Vorarbeiten hierfür hat das BVerfG vermissen lassen. Die vorliegende Arbeit hat sich dem Geschäft der Normbereichsanalyse angenommen, so dass eine Bewertung der Eingriffsintensität auf hinreichendem Begründungsniveau gelingen kann.

---

206 BVerfGE 119, 1 (35) = NJW 2008, 39 (44).

2. Wertungsleitsätze

Der zu bewertende Eingriff in das Allgemeine Persönlichkeitsrecht besteht im Fall des Romans darin, dass Referenzialisierbarkeit von Figuren eine Kopplung von Figuren und Personen schafft, die Faktualitätshypothesen erlaubt. Der Leser kann sich also die Frage stellen, ob Eigenschaften oder Handlungen einer Figur auf Eigenschaften oder Handlungen einer Person bezogen sind. Die Abwägungsprogrammbasis des BVerfG lautet, wie bereits mehrfach gezeigt:

Liegt Gefährlicher Stoff vor, dürfen die Kopplungen zwischen Figuren und Personen im Medium Referenzialisierbarkeit nicht unverhältnismäßig fest sein. Sind die Kopplungen fest, darf der referenzialisierbare Stoff nicht unverhältnismäßig gefährlich sein.

Diese Basis muss nun durch ein Wertungsmodul über schädliche und unschädliche Kopplungsformen erweitert werden. Das hierfür vorgeschlagene Wertungs-Plug-in enthält folgende Bewertungsgrundsätze für die Kopplungen von Figur und Person:

a) Maßstab der Kopplungsfestigkeit

Maßstab der Kopplungsfestigkeit ist nicht der Roman insgesamt. Die Kopplung von Figur und Person ist im Medium Referenzialisierbarkeit immer nur hinsichtlich einzelner Eigenschaften oder Handlungen von Romanfiguren schädlich. Bei der Bestimmung der Kopplungsfestigkeit ist auf die Referenzialisierbarkeit dieser jeweils einzeln zu betrachtenden Eigenschaften oder Handlungen abzustellen. Das ergibt sich aus dem Unterschied zwischen Referenzialisierbarkeit als Medium und Referenzialisierung als im Medium unterscheidbare Form.

b) Erster Leitsatz zur Bewertung der Kopplungsfestigkeit von Figur und Person

Kunst kommuniziert durch die Eröffnung unbestimmter Interpretationszugänge. Da Referenzialisierbarkeit einer dieser Zugänge sein kann, erfolgen Referenzialisierungsvorgänge immer im Modus der Hypothese. Im Medium Referenzialisierbarkeit als Erscheinungsform des Mediums Hypothetizität bietet die *normbereichsspezifische Innenräumlichkeit* des Kunstwerks, hier: der Erzählraum der fiktionalen Realität, ausreichenden Schutz vor unverhältnismäßigen Kopplungen von Figur und Person. Solange nur das Kunstwerk mit seinen Rezipienten kommuniziert, also reine Kunstkommunikation vorliegt, wie sie im vierten Kapitel beschrieben ist, kann Referenzialisierbarkeit Romanverbote nicht rechtfertigen. Auf die Frage, welche Eigenschaften oder Handlungen von einer Figur auf eine Person bezogen werden sollen, kommt es wegen des kategorischen Unvermögens, Romanverbote zu rechtfertigen, nicht an.

Dabei wird nicht geleugnet, dass besonders *Gefährlicher Stoff* im Medium Referenzialisierbarkeit eingriffsintensiver ist, als nur wenig *Gefährlicher Stoff*. Nach der hier zu treffenden Wertung ist ein Romanverbot als denkbar stärkster Eingriff in die Kunstfreiheit aber nur dann zu rechtfertigen, wenn ein mindestens ebenso schwerwiegender Eingriff in das Allgemeine Persönlichkeitsrecht zu konstatieren ist. Wegen der im vierten Kapitel plausibilisierten Distanz, welche Hypothetizität als Beobachtungsfilter zwischen Figur und Person legt, bewerten wir die im normbereichsspezifischen Innenraum des Romans sich mitteilende Faktualitätshypothese als weniger eingriffsintensiv, auch wenn sie sich auf extrem gefährlichen Stoff bezieht. Unser erster Leitsatz zur Bewertung der Kopplungsfestigkeit von Figur und Person lautet daher:

Wegen der normbereichsspezifischen Innenräumlichkeit der Kunstfreiheit aus Art. 5 Abs. 3 GG ist reine Romankommunikation aus sich heraus niemals stark genug, um ein Romanverbot zu rechtfertigen; der Verweis auf normbereichsspezifische Innenräumlichkeit gibt dem von der Faktualitätshypothese Betroffenen eine ausreichende Verteidigungsmöglichkeit.

c) Zweiter Leitsatz zur Bewertung der Kopplungsfestigkeit von Figur und Person

Von der Kommunikation mittels des Kunstwerks ist Kommunikation *über* das Kunstwerk zu unterscheiden. Im Fall „Esra“ war es beileibe nicht nur der Roman, der für sich gesprochen hätte. Der Roman für sich hat Teilen seiner Leserschaft die Möglichkeit eröffnet, die Faktualitätshypothese anzustellen. Das ist gemäß unseres ersten Leitsatzes zur Bewertung der Festigkeit, mit der Figur und Roman verbunden sind, unschädlich. Im Fall „Esra“ ist jedoch noch ganz erhebliche Kommunikation *über* den Roman hinzugetreten. Kommunikation, die Referenzialisierbarkeit als Interpretationsmöglichkeit autorisiert hat, und damit erst zur Gewissheit hat werden lassen. Autor und Verlag haben sich öffentlich zur Referenzialisierbarkeit der Romanfiguren auf Personen der realen Realität bekannt. Das Bekenntnis war sogar Teil der Marketingstrategie. Solche autoritäre Kommunikation *über* den Roman, die der Autor selbst veranlasst oder sich zurechnen lassen muss, bringt die Schutzwirkung von Hypothetizität an die Grenzen ihrer Leistungsfähigkeit. Persönlichkeitsschädliche Kommunikation *über* den Roman und seine Referenzialisierbarkeit führen – wie der Fall „Esra“ eindrucksvoll belegt – zum Wegfall jeder aussichtsreichen Verteidigungsmöglichkeit. Den Klägerinnen des Ausgangsverfahrens kann daher nicht der Vorwurf gemacht werden, sie hätten mit ihrer Kommunikation über den Roman selbst zur eigen Verletzung beigetragen[207]. Zwar haben sie mit ihrer Kommunikation über den Roman „Esra" die Referenzialisierungshypothese bestätigt. Allerdings zu einem Zeitpunkt, an dem die Hypothese schon längst Gewissheit war. Weil „das Kind schon in den Brunnen gefallen" war, konnte das Bekenntnis der Betroffenen zur Faktualität der Romanschilderungen keinen weiteren Schaden mehr anrichten. Was aber nach hier vertretener Wertung den Ausschlag für die Rechtfertigung des Romanverbots gegeben hat, war das durch romantextexterne, autoritäre Kommunikation über den Roman verursachte Wegbrechen normbereichsspezifischer Innenräumlichkeit. In ihr manifestiert sich die Persönlichkeitsrechtsverletzung im Fall „Esra". Unser zweiter Leitsatz zur Bewertung der Kopplungsfestigkeit von Figur und Person lautet daher:

Erst wenn ein Verweis auf die* normbereichsspezifische Innenräumlichkeit *der Kunstfreiheit keine aussichtsreiche Verteidigungsmöglichkeit mehr bietet, um Figur und Person auf Distanz zu halten, kann ein Romanverbot gerechtfertigt sein; dazu muss autoritäre Kommunikation über den Roman zum Romantext hinzutreten. Die autoritäre Kommunikation muss dem Autor zurechenbar sein, um ein Romanverbot zu tragen.

3. Wertungsleitende Aspekte

Da Wertung immer das ist, was auch anders ausfallen kann, muss sie aus Gründen der Nachvollziehbarkeit, Methodenklarheit und Kontrollierbarkeit sorgfältig begründet werden. Der folgende Schlussabschnitt soll deshalb die wertungsleitenden Kriterien und Erwägungen offenlegen, die zur Wertungsentscheidung hingeführt und Wertungsalternativen haben ausscheiden lassen. Im Gegensatz zum BVerfG, das seine Entscheidung auf textimmanente Kriterien der Modulation von Figur und Person stützt, muss begründet werden, weshalb erst textexterne, autorisierte und dem Autor zurechenbare Kommunikation Romanverbote soll tragen können.

207 Dazu *Gastomzyk,* NJW 2008, 737 (739) der dem Künstler die biografische Rezeption eines Werks dann nicht zurechnen will, wenn der Betroffene selbst erklärt „Das bin ich!".

a) Wertungskern: *Hans Vaihingers* Psychoanalyse des Hypothetischen

Die Möglichkeitsform der Hypothese als schützenden Beobachtungsfilter zu begreifen, der innerhalb der *normbereichsspezifischen Innenräumlichkeit* der Kunstfreiheit den Eingriff in das Allgemeine Persönlichkeitsrecht so abschwächt, dass selbst extrem gefährlicher Romanstoff nicht zu einem Romanverbot führen muss, ist eine Modellkonstruktion, die auf *Hans Vaihingers* Werk „Die Philosophie des Als Ob" zurückgeht. Mit seinem – gerade auch unter Juristen – vielbeachteten Werk aus dem Jahr 1911 gilt *Vaihinger* als Begründer der Denkrichtung des Fiktionalismus, einer Form des idealistischen Positivismus. Seine zentrale These heißt, „dass der Nachweis über die Ungültigkeit von Vorstellungsgebilden unerheblich dafür sei, ob diese Vorstellungen weiter gebraucht oder ob sie suspendiert werden. Die theoretische Vernunft sei nicht in der Lage, unser Handeln zu ändern, sobald die zugrundegelegten Annahmen als falsch erkannt werden, weil entscheidend allein der praktisch-zweckmäßige Gebrauch dieser Annahmen sei."[208] Auf diese These hin durchforstet *Vaihinger* gängige Kategorien menschlicher Erkenntnis auf deren fiktionale Gehalte. Seine Phänomenologie des Fiktionalen will erklären, wie Fiktionen entstehen, wie sie erkannt werden und wie mit ihnen umgegangen wird. An den Beispielen wissenschaftlicher, erkenntnistheoretischer und religiöser Fiktionen erklärt *Vaihinger* das Schicksal unerkannter und erkannter Fiktionen. Weil die *Vaihingers* Denken immanente Trennung der theoretischen von der praktischen Vernunft zentraler Bestandteil des juristischen Argumentierens ist, wird sein Werk auch von Juristen gelesen.

Für unsere Zwecke ist besonders *Vaihingers* Psychoanalyse des Hypothetischen, er nennt sie „das Gesetz der Ideenverschiebung"[209], von Nutzen. Sie erklärt, wie sich das Bewusstsein, ein Vorstellungsgebilde stimme mit der Wirklichkeit überein, über den Weg der Hypothese zum Bewusstsein wandelt, ein Vorstellungsgebilde widerspreche der Wirklichkeit. Die Vorstellung der Wirklichkeitsübereinstimmung bezeichnet er als Dogma, die Vorstellung des Wirklichkeitswiderspruchs als Fiktion. Eine Erkenntnis verläuft danach immer über den Weg der Hypothese, die *Vaihinger* als psychologischen Spannungszustand versteht, der nach Auflösung drängt: Werden bislang als Dogmen verstandene Vorstellungsgebilde wie Gott, Seele, Raum, Zeit, etc. in Frage gestellt, durchlaufen sie das Stadium der Hypothese. Gleiches kann umgekehrt für Fiktionen gelten, etwa das Atom[210], die über das Stadium der Hypothese zu Dogmen werden können[211].

---

208 *Steinhauer,* Regel und Fiktion, S. 53.

209 *Vaihinger,* Die Philosophie des Als Ob, S. 219 ff.

210 Ebenda, S. 429 ff.

211 Ebenda, S. 219 ff.

Vaihingers auf die Begriffstrias Fiktion-Hypothese-Dogma bauende Psychoanalyse des Hypothetischen lässt sich auf das Problem der Referenzialisierbarkeit fiktionaler Texte übertragen[212]. Auch die Faktualitätshypothese lässt sich als Spannungszustand verstehen, der nach interpretatorischer Auflösung drängt. Weil Auflösung in zwei Richtungen möglich ist, liegt es nahe, Referenzialisierbarkeit nicht nur in ihrer persönlichkeitsschädlichen, vielmehr auch in ihrer persönlichkeitsschützenden Dimension zu betrachten. Die Hypothese ist auch hier nur ein Spannungszustand, der die Gefahr einer Moduswechsels von Fiktion zu Dogma birgt. Allerdings muss sich die Gefahr nicht realisieren. Die vorstehenden beiden Leitsätze zur Bewertung der Kopplungsfestigkeit von Figur und Person im Roman gehen davon aus, dass es zum Moduswechsel noch weiterer Voraussetzungen bedarf: Erstens bedarf es neben der reinen Romankommunikation noch der den Romantext transzendierenden Kommunikation *über* den Roman, also einer Kommunikation, die Referenzialisierbarkeit als Texteigenschaft erst aufgreift. Zweitens muss diese Kommunikation auch überzeugungskräftig genug sein, um die Zustandsänderung von Fiktion zu Dogma zu bewirken. Das kann nach hier vertretener Bewertung indes nur die autoritäre Kommunikation.

b) Autorität als kommunikativer Spannungsmodulator zwischen Fiktion und Dogma

Da sich Spannung nicht wieder zurück zur Fiktion hin, sondern grundsätzlich auch zum Dogma hin auflösen kann, fragt sich, weshalb man nicht sicherheitshalber bei extrem *gefährlichem Stoff* davon ausgehen sollte, die Spannung werde sich in Richtung Dogma auflösen. Sollte sich die Faktualitätshypothese nämlich wider Erwarten doch zur Faktualitätsgewissheit verdichten, drohen erhebliche und irreversible Gefahren für die psychisch-soziale Integrität der Person. Die Antwort soll über den Begriff der Autorität erfolgen. Erst Autorität, hier verstanden als sozial-kommunikative Erklärungsinstitution[213], ist in der Lage, Faktualitätshypothesen zu verstärken oder zur Gewissheit zu verdichten. Da der Einzelne gegenüber der autoritären Machtposition sich in strukturell unterlegener Position befindet, bietet ihm der Verweis auf die *normbereichsspezifische Innenräumlichkeit* der Kunstfreiheit keine glaubwürdige Verteidigungsmöglichkeit mehr. Der Einwand, Romanschilderungen seien bloß fiktiv, ist nicht mehr glaubwürdig, wenn autoritäre Kommunikation mit ihrer institutionellen Macht das Gegenteil suggeriert. Bei der Individualkommunikation im Bekanntenkreis, wo die Faktua-

212 Selbstverständlich auch in Form eines „Als-Ob“; anders soll Erkenntnis nach *Vaihinger* ja nicht möglich sein.

213 Vgl. dazu den Aufsatz von *Bazil/Piwinger,* Autorität.

litätshypothese den Nährboden für Spekulationen und Gerüchten bilden kann, handelt es sich um nicht-autoritäre Kommunikation. Innerhalb der Sphäre des Bekanntenkreises besteht kein strukturelles Machtgefälle. Hier liegt Kommunikation vor, die zum Kreis alltäglicher kommunikativer Bewährungsproben zählt. Ihr fehlt die Autorität, aus der Fiktion über die Hypothese das Dogma werden zu lassen.

Autorität wird in erster Linie dem Autor zugeschrieben. Ebenso wie dem Verlag, dessen sich der Autor zur Publikation und Verwertung seiner Werke bedient. Äußerungen des Autor und des Verlags wird in Verständnisfragen die schöpferische Werkerklärungsmacht beigemessen. Formale Erklärungsmacht kommt den Massenmedien zu. Sie sind kraft ihrer Suggestivkraft und Breitenwirkung autoritäre Kommunikationsinstitutionen, die mit hoher Glaubwürdigkeit ausgestattet sind. Schließlich zählt die Wissenschaft wegen der ihr zugeschriebenen Objektivität, Methodik und Sachkunde als institutionelle Erklärungsmacht. Auch sie kommuniziert autoritär. Die Lästereien in der Nachbarschaft, Verwandtschaft und der Arbeitskollegen besitzen dagegen keine autoritäre Deutungsmacht. Ihnen wird für die Interpretation des Romans keine hohe Glaubwürdigkeit zugeschrieben. Erhöhte Glaubwürdigkeit und Suggestivkraft in der Kommunikation lässt Autorität zum entscheidenden kommunikativen Spannungsmodulator zwischen Fiktion und Dogma werden. In der Sprache der verfassungsgerichtlichen Abwägungsprogrammbasis: Liegt *Gefährlicher Stoff* vor, ist es autoritäre Kommunikation, welche die Kopplungen zwischen Figuren und Personen im Medium Referenzialisierbarkeit unverhältnismäßig fest werden lassen kann.

c) Zurechnung und Zumutbarkeit

Die Kunstfreiheit hier gleichwohl in ihrer normbereichsspezifischen Innenräumlichkeit als grundsätzlich vorrangig einzustufen, beruht auch auf Zurechnungsgesichtspunkten. Immer wieder ist in der Diskussion um die „Esra“-Entscheidung des BVerfG darauf aufmerksam gemacht worden, dass nicht der Text selbst, sondern seine Interpretation durch den Leser den Persönlichkeitsrechtseingriff vollzieht[214]. Hier tauchen Fragen auf, die als rechtswissenschaftliche Zurechnungsprobleme unter dem Stichwort der „Störerhaftung“ bekannt sind. Im Medienrecht etwa die Verantwortlichkeit des Betreibers einer Internetplattform für die in dieser Form von Dritten eingestellten Inhalte[215]. Immer geht es dabei um

214 So z.B. von *Neumeyer,* AfP 2007, 509 (514).

215 Eine Übersicht zur Providerhaftung in Deutschland geben *Gounalakis/Helwig,* K&R 2012, 233 (234).

die Frage, ob jemand als bloß mittelbarer Verursacher verantwortlich gemacht werden soll. Innerhalb dieses Problemkreises kommt man nicht um eine Wertung umhin. Für gewöhnlich wird die Frage nach der Haftung von der Frage abhängig gemacht, ob es dem bloß mittelbaren Störer zumutbar ist, Vorkehrungen gegen Rechtsverletzungen zu treffen[216].

Was kann Autoren und Verlagen als Träger der Kunstfreiheit zugemutet werden, um Persönlichkeitsrechtsverletzungen zu verhindern? Nach den oben aufgestellten Bewertungsleitsätzen ist zwischen zumutbaren und nicht zumutbaren Vorkehrungen zu unterscheiden: Nicht zuzumuten ist es den Kunstschaffenden, auf die Verarbeitung von sexuellem Stoff zu verzichten. Denn Referenzialisierbarkeit ist eine schadensträchtige Texteigenschaft, an deren prinzipieller Gefährlichkeit sich nichts ändert, wenn man die Anzahl der textinternen Referenzialisierbarkeitssignale reduziert, oder indem man die Signale verschlüsselt. Auch in diesen Fällen bleibt das volle Verletzungspotential von Referenzialisierbarkeit erhalten. Letzte Sicherheit vor schädlichen Faktualitätshypothesen wäre daher nur über den kategorischen Verzicht auf *gefährlichen Stoff* widerspruchsfrei zu erlangen. Das ist unzumutbar, zumal sich die Scheinlösung über einen eingeschränkten Referenzialisierungsbegriff als persönlichkeitsschädlich herausgestellt hat. Nur bei einer sich besonders aufdrängenden Referenzialisierbarkeit einen Eingriff in das Allgemeine Persönlichkeitsrecht anzunehmen, verlagert das Problem, wie wir gesehen haben, bloß an eine andere Stelle. Auf die Verwendung von besonders *gefährlichem Stoff* zu verzichten, ist also insgesamt unzumutbar.

Wohl aber ist es Autor und Verlag zuzumuten, sich jeglicher Kommunikation über die Referenzialisierbarkeit des Romantextes zu enthalten. Autor und Verlag besitzen die Erklärungsmacht, schwache Faktualitätshypothesen zu verstärken oder einen Zustandswechsel von Fiktion zu Dogma zu bewirken. Die Kunstfreiheit erlaubt es dem Romanautor, im Schutz normbereichsspezifischer Innenräumlichkeit referenzialisierbare Figuren zur Beobachtung freizugeben. Nicht aber erlaubt sie, Freiheit erst ermöglichende, normbereichsspezifische Innenräumlichkeit durch nachträgliche Kommunikation wieder zu dekonstruieren.

d) Allgemeines Lebensrisiko und Leistungsfähigkeit des Allgemeinen Persönlichkeitsrechts

Ein weiteres Argument dafür, erst romantextexterne, autoritäre Anschlusskommunikation als Rechtfertigung eines Romanverbots gelten zu lassen, lässt sich aus den Grenzen der Leistungsfähigkeit des Allgemeinen Persönlichkeitsrechts

---

216 Vgl. für die Zumutbarkeit von Prüfpflichten des Host-Providers BGH NJW 1999, 1960 f. Vertiefend: *Mießner,* Providerhaftung, Störerhaftung und Internetauktion.

ableiten. *Ladeur* hat auf diesen Punkt aufmerksam gemacht, indem er sich auf den zutreffenden Standpunkt stellte, es gebe keinen rechtlichen Schutz vor Klatsch: Wir formulieren das allgemeiner: Das Allgemeine Persönlichkeitsrecht ist de facto nicht in der Lage, den Einzelnen vor Kommunikationskrisen im Bekanntenkreis zu schützen. Abgesehen von den auch strafrechtlich relevanten Fällen existiert ein mit Mitteln des Rechts nicht zu bekämpfender Graubereich mikro-sozialer Individualkommunikation, die sich weder steuern, noch vermeiden lässt. Ausgrenzung und Außenseitertum ist unvermeidlich. Dort, wo Steuerung aussichtslos ist, muss das Recht mit seinen Steuerungsansprüchen zurücktreten, um in der Behauptung seiner grundsätzlichen Steuerungsfähigkeit glaubwürdig zu bleiben.[217]

Personen, auf die sich Eigenschaften oder Handlungen von Figuren beziehen lassen, geraten in die Defensive und sind zur Verteidigung gezwungen. Es entsteht eine Kommunikationskrise, die innerhalb der Sphären persönlicher Bekanntschaften nichts Ungewöhnliches ist, vor denen aber auch das Allgemeine Persönlichkeitsrecht nur marginalen Schutz bieten kann. Bei Kommunikationskrisen im persönlichen Bekanntenkreis ist man weitgehend auf die eigene Verteidigungskraft angewiesen. Das BVerfG hält schon die Möglichkeit, in derartige Defensivpositionen zu rücken, für nicht hinnehmbar. Dagegen setzt das hier favorisierte Bewertungsmodell das Argument der Alltäglichkeit und Unvermeidbarkeit von Kommunikationskrisen. Sich den missliebigen Nachbarn oder Arbeitskollegen in kompromittierenden Situationen vorzustellen und sich darüber mit anderen zu Gehässigkeiten aufgelegten Mitmenschen zu unterhalten, ist das untilgbare Übel jeder sich selbst kommunikativ reproduzierenden Gemeinschaft.

Das Argument vom allgemeinen Lebensrisiko greift aber dann nicht mehr, wenn die Person keine aussichtsreiche Verteidigungsposition mehr einnehmen kann. Das ist nach unserem Wertungsmodell anzunehmen, wenn autoritäre Anschlusskommunikation die Differenz von Figur und Person einebnet, indem sie mit ihrer Überzeugungsmacht die hypothetische Spannung zum bloßstellenden Dogma auflöst. In der Zähmung autoritärer Kommunikationsinstitutionen hat sich das Allgemeine Persönlichkeitsrecht bestens bewährt. Massenmedien, denen im Gegensatz zur Individualkommunikation im Bekanntenkreis eine hohe Suggestivkraft und Breitenwirkung beigemessen wird, eignen sich als mächtige Kommunikationskrisenverstärker. Verlag und Autor sind die Institutionen mit der stärksten sozialen Erklärungsmacht über das Verständnis der von ihnen veröffentlichten Texte. Unser Abwägungsmodell setzt hier an. Es verbietet Autor und Verlag, sich in der Öffentlichkeit zum Thema Referenzialisierbarkeit zu

---

217 Zur sozialen Funktion von Klatsch: *Bergmann,* Klatsch.

äußern. Gegenüber der verständnisleitenden Kommunikation von Autor und Verlag befindet sich die Person in einer nach klassischem Grundrechtsverständnis typischen Gefährdungslage. Ein Romanverbot lässt sich nicht mit Lästereien und Ausgrenzungen im persönlichen Bekanntenkreis rechtfertigen. Erst die massenmediale Verstärkung der Kommunikationskrise löst staatlichen Schutzbedarf aus, demgegenüber auch ein Romanverbot gerechtfertigt erscheinen kann.

e) Dem Künstler nicht zurechenbare autoritäre Anschlusskommunikation

Bleibt zum Schluss noch die Frage nach autoritärer Anschlusskommunikation, die dem Autor nicht zugerechnet werden kann. Nach unserem Modell scheidet ein Romanverbot auch dann aus, wenn die Faktualitätshypothese zwar durch autoritäre Kommunikation zum Dogma geworden ist, die persönlichkeitsschädliche Anschlusskommunikation dem Autor aber nicht zugerechnet werden kann. Hier bleibt nur der Verweis darauf, dass solche Kommunikation freilich selbst gegen das Allgemeine Persönlichkeitsrecht verstößt, und dass Wissenschaft und Massenmedien selbstverständlich dem geltenden Recht unterworfen sind[218]. Nach hier vertretener Auffassung verlangt es die Kunstfreiheit, auf die grundsätzliche Einhaltung der gesetzlichen Vorschriften vertrauen zu dürfen, denen die gesellschaftlich mit Autorität versehenen Kommunikationsinstitutionen unterworfen sind. Ein Romanverbot lässt sich nicht mit den im Einzelfall möglichen Gesetzesverletzungen Dritter rechtfertigen. Anderes gilt nur dann, wenn sich diese Gesetzesverletzungen auf tatsächliche Äußerungen des Autors zurückführen lassen. Dann aber sind sie dem Autor zurechenbar, der dann auch die Konsequenzen zu tragen hat.

So kann festgehalten werden: Der Text eines Romans hat aus sich heraus nicht die Kraft, so stark in den Schutzbereich des Allgemeinen Persönlichkeitsrechts gemäß Art. 2 GG einzugreifen, dass es den mit einem Romanverbot einhergehenden Eingriff in die Kunstfreiheit gemäß Art. 5 Abs. 3 GG aufwiegen könnte. Der Text ist umgeben von der nicht nur persönlichkeitsschädlichen, vielmehr auch persönlichkeitsschützenden Form der Hypothetizität.

---

218 Das Unrechtsbewusstsein, genauer das Bewusstsein für die persönlichkeitsschädliche Wirkung der eigenen Kommunikationsmacht scheint dem deutschen Feuilleton-Journalismus und seinen Rechtsabteilungen zu fehlen: *v.Becker,* Fiktion und Wahrheit im Roman, S. 45 ff., dokumentiert die teilweise zynische Rücksichtslosigkeit, mit der das Werk öffentlich rezensiert worden ist. Die Faktualitätshypothesen der Rezension des Werks, die es als Roman haben unlesbar werden lassen, haben zusammen mit der Kommunikation des Verlags zur kommunikativen Schutzlosigkeit der referenzialisierbaren Personen geführt.

Erst wenn der Autor diesen Schutzmantel zerstört, indem er kraft seiner autoritären Erklärungsmacht die durch den Text ermöglichte Faktualitätshypothese aufwirft, verstärkt oder bestätigt, verdient er den Schutz der Kunstfreiheit nicht mehr:

Der Künstler darf nicht auf die Kunstfreiheit vertrauen, wenn er ihre – Freiheit erst ermöglichenden – normbereichsspezifischen Innenräume abreißt.

Zusammenfassung in Thesen

1. Das Verhältnis zwischen Persönlichkeitsrecht und Kunstfreiheit ist für den Fall des Romans nicht abschließend geklärt.

2. Der „Esra“-Beschluss entwirft – wie schon „Mephisto“ – keine überzeugende Lösung des ihm aufgegebenen Rechtsproblems, und schon gar keine abschließende Dogmatik der durch ihn konstituierten Fallgruppe des Allgemeinen Persönlichkeitsrechts. Schon bei der Erfassung des Entscheidungsgegenstands treten erhebliche Unschärfen zutage. Es ist nicht expliziert, wie fiktionale Texte welche konkreten Persönlichkeitsverletzungen verursachen. Neben diesem fiktionstheoretischen Erklärungsdefizit mangelt es dem Beschluss an der Rückbindung seiner Entscheidungsformel an die beteiligten Grundrechte.

3. Gleichwohl ist die „Esra“-Entscheidung Teil der Rechtsnormquellen, die zur rechtlichen Lösung zwingend mitberücksichtigt werden müssen. Das unterscheidet die juristische Falllösung von der literaturtheoretischen.

4. Das Verhältnis des Romans zur Wirklichkeit ist problematisch. Die extreme Schwierigkeit im Verständnis der „Esra“-Entscheidung liegt darin, dass sie dieses problematische Verhältnis nicht exakt aufbereitet. Um erkennen zu können, welche fiktionstheoretische Konzeption das BVerfG auf Sachverhaltsebene zugrunde legt, ist eine Analyse gefragt, die ihre Begriffe nicht willkürlich wählt, sondern aus dem zu analysierenden Kernproblem ableitet: Dem Verhältnis von Fiktion und Wirklichkeit.

5. Referenzialisierbarkeit meint den Verweis eines fiktionalen Textes auf eine Tatsache der realen Realität. *Gefährlicher Stoff* meint Erzähltes, das, seine Faktualität unterstellt, Persönlichkeitsrechtsverletzungen anrichtet. Personen der fiktionalen Realität werden Figuren genannt.

6. Referenzialisierbarkeit ist das Medium, innerhalb dessen sich der Prozess der Referenzialisierung in einer bestimmten Form so-und-so fester Kopplung von Figur und Person abspielt. Innerhalb dieses Mediums lassen sich

seine Formulierungen, also die im Medium prozessierten Kopplungen von Figur und Person, zwischen fest und locker modulieren. Was Referenzialisierbarkeit als Medium ist, zeigt sich erst anhand der theoretisch unendlichen Einzelformen, in denen die fiktionale Erzählung auf reale Personen verweisen, d.h. referenzialisieren kann.

7. Der Abwägungsleitsatz der Esra-Entscheidung lautet fiktionstheoretisch reformuliert: *Liegt Gefährlicher Stoff vor, dürfen die Kopplungen zwischen Figuren und Personen im Medium Referenzialisierbarkeit nicht unverhältnismäßig fest sein. Sind die Kopplungen fest, darf der referenzialisierbare Stoff nicht unverhältnismäßig gefährlich sein.*

8. Das Allgemeine Persönlichkeitsrecht schützt vor allen Formen der Kommunikation oder Beobachtung, die geeignet sind, sich nachteilig auf die psychische oder soziale Integrität der Person auszuwirken. Eingriffe in den so zu definierenden Schutzbereich werden umso schwerer zu rechtfertigen sein, je nachteiliger sie sich auf die psychisch-soziale Integrität der Person auswirken können.

9. Die Sphärentheorie des BVerfG kann herangezogen werden, um die Intensität von Eingriffen in den oben definierten Schutzbereich des Allgemeinen Persönlichkeitsrechts zu bestimmen. Die allgemeinste der Sphärentheorie des BVerfG immanente Leitunterscheidung ist zunächst einmal die Privat/Öffentlich-Differenz. Von öffentlich nach privat unterscheiden sich die Sphären in ihrem Ausdehnungsgrad: Je öffentlicher die Sphäre, desto größer ist der Ausdehnungsgrad. Eine in diesem Sinne ausgedehnte Sphäre verträgt es, von außen beobachtet zu werden, ohne dass dabei die psychisch-soziale Integrität der Personen, die sich in ihr aufhalten, grundsätzlich gefährdet ist. Die Sphären selbst sind nicht als Räume zu verstehen, sondern als immaterielle, interpersonale Sozialbeziehungssphären.

10. Kleine Sphären bestehen dagegen aus nur wenigen Beteiligten. Die Privatsphäre ist privat, weil sie der Außenbeobachtung nicht ausgesetzt ist. Deshalb spannen sich in der Privatsphäre diejenigen Beziehungen auf, die keine Öffentlichkeit vertragen – in aller Regel die engeren persönlichen Beziehungen. Absolut beobachtungsfeindlich sind die kleinsten denkbaren Sphären, die Intimsphären. Paradigmatisch für die Intimsphäre ist die feste Zweierbeziehung, die sich durch die größtmögliche interpersonale Nähe auszeichnet. Sie ist in der Regel nur möglich, wenn und soweit Dritte Personen ausgeschlossen sind.

11. Die erste sphärentheoretische Prämisse lautet: Große Sphären eignen sich für lockere, kleine Sphären für feste interpersonale Nähebeziehungen. Die zweite sphärentheoretische Prämisse: Je fester die Beziehung, desto psychisch-sozial schädlicher ist Außenbeobachtung. Als conclusio folgt:

12. *Je kleiner die interpersonale Beziehungssphäre, desto größeren Abstand hat die Außenbeobachtung zu wahren, um Schäden an der psychisch-sozialen Integrität der Person zu vermeiden.*

13. Der Eingriff in das Allgemeine Persönlichkeitsrecht vollzieht sich beobachtend durch den Leser, der sich fragt, ob die Schilderungen des Romans sich auf die referenzialisierbare Person beziehen lassen. Der Leser fragt sich also, ob er hier nicht nur eine Figur beobachtet, sondern eine ihm bekannte Person. Diese Hypothese und ihre Kommunikation fasst die Person ins Auge. Die Person sieht sich der Hypothese, im Roman beobachtet zu werden, ausgesetzt. Die Kommunikation dieser Faktualitätshypothese unter den Lesern, Bekannten, kurz: den Referenzialisierenden, ist eine Form der Beobachtung der Person.

14. Die Kunstfreiheit aus Art. 5 Abs. 3 GG bildet gemeinsam mit den restlichen vorbehaltlos formulierten Grundrechten einen Zusammenstand von Freiheitsrechten, die nach allgemeiner Auffassung nicht nur einen normtextlichen, sondern auch einen systematischen Unterschied zu Grundrechten mit ausdrücklichen Schrankenvorbehalten aufweisen. Die normtextlich-systematische Differenz beider Typen von Grundrechten ist ein gesetzlicher Unterschied, der selbst wieder zu einer Unterscheidung auffordert , nämlich einer konstruktiven Anschlussentscheidung der Grundrechtsdogmatik .

15. Schrankenlos formulierte Grundrechte zeichnen sich in ihrem Normbereich durch funktional verstandene Innenräumlichkeit aus. Innenräumlichkeit, wie wir sie plastisch für den Schutzbereich der Wohnung vor Augen haben, schützt durch seine Geschlossenheit vor Umwelteinflüssen. Geschlossenheit wirkt jedoch nicht nur nach innen hermetisch, sondern auch nach außen. Sie blockiert Einflüsse wie Ausflüsse, Immissionen wie Emissionen. Die Geschlossenheit des Innenraums schützt folglich auch die Außenwelt. Auf diesem funktionsorientierten Zugang beruht die *Theorie der normbereichsspezifischen Innenräumlichkeit:* Sie verwendet Innenräumlichkeit in ihrer Funktion als Regulator von Umweltkontakt.

16. Die *Theorie der normbereichsspezifischen Innenräumlichkeit* baut darauf, dass der Bereich der sozialen Wirklichkeit, auf die das Grundrecht zielt, Verletzungen in der sozialen Umwelt in weiten Teilen blockiert oder abmildert. Sie ortet die Spezialität schrankenlos formulierter Grundrechte auf der Ebene des Normbereichs der Norm, also im Distrikt sozialer Wirklichkeit, den das System der Grundrechte für Konfliktfälle normativ anspricht.

17. Die Spezialität der vorbehaltlos formulierten Grundrechte liegt im Merkmal der Innenräumlichkeit, die weite Teile der sozialen Wirklichkeit auszeichnet, in der die gewährleisteten Handlungsfreiheiten schrankenlos formulierter Grundrechte ihren Ort haben. Reguliert die innenräumliche Struktur weiter Teile der Normbereiche schrankenlos formulierter Grundrechte Umweltkontakt, so hat das Auswirkungen auf das Bedürfnis für Beschränkungen dieser Grundrechte durch andere Grundrechte. Denn die Geltungsansprüche anderer Grundrechte dürfen erst dann beschränkend in Anschlag gebracht werden, wenn *normbereichsspezifische Innenräumlichkeit* nicht mehr vor Beeinträchtigungen dieser Grundrechte schützt.

18. Die *Theorie der normbereichsspezifischen Innenräumlichkeit* lässt also die Technik der Grundrechtsprüfung unverändert. Weil sie ihre Unterscheidungen im Normbereich der Grundrechte trifft, kann sie auch gar nicht anders. *Was sie aber leistet, ist darauf aufmerksam zu machen, dass das System schrankenlos formulierter Grundrechte in seinem Normbereich einen strukturellen Unterschied aufweist, der bei der Anwendung des Normprogramms zwingend mitverarbeitet werden muss. Den Normbereich in der Normanwendung mitzuverarbeiten, verlangt nach einer vorgängigen Normbereichsanalyse.*

19. Kunstkommunikation wirkt wegen ihrer interpretatorischen Unbestimmtheit als Distanz erzeugender Filter. Weil über die Aussagen des Kunstwerks immer nur im Modus der Hypothese gesprochen werden kann. Was der Beobachter eines Kunstwerks über die durch das Kunstwerk selbst getroffenen Beobachtungen sagen kann, bleibt immer hypothetisch. Kunstkommunikation hemmt dadurch ihre kommunikationsspezifischen Neigungen zur Verletzung von Persönlichkeitsrechten. Durch die Unbestimmtheit der mitgeteilten Information trifft Kunst keine bestimmten, personenbezogenen Aussagen. Die personenbezogene Werkinterpretation bleibt eine Möglichkeit unter vielen.

20. Die Innenräumlichkeit der Kunst, genauer: des Kunstwerks, besteht in der Verschlossenheit der mitgeteilten Information. Weil das Kunstwerk als Kom-

munikationsform erkennbar ist, eröffnet es dem verstehenden Beobachten einen bloß unbestimmten Zugang. Innerhalb der so beschaffenen normbereichsspezifischen Innenräumlichkeit des Kunstwerks ist es der Werkbeobachter, der mit seiner Interpretation auch die persönlichkeitsverletzenden Verständnismöglichkeiten durchspielt. Sofern andere Interpretationsmöglichkeiten noch wahrscheinlich sind, bleiben auch persönlichkeitsschädliche Interpretationen immer hypothetisch. Kunst trennt Wahrnehmung und Kommunikation, indem sie von der Alltagsbedeutung der Anschauungsgegenstände absieht und die an ihre Stelle tretende Kunstbedeutung im Unklaren lässt. So führt die Trennung von Wahrnehmung und Kommunikation dazu, dass wir durch das Kunstwerk hindurch alles Mögliche sehen können, aber nichts mit Sicherheit. Auch nicht Personen der realen Realität.

21. Die auf den Roman bezogene *normbereichsspezifische Innenräumlichkeit* der Kunstfreiheit entsteht folglich durch den Rückgriff auf Fiktionalität. Der Roman grenzt sich von den Gegenständen faktualer Erzählungen ab, indem er die Realitätsreferenz seiner Erzählgegenstände mindestens auf das Maß einer bloßen Interpretationsmöglichkeit herabregelt. Die Faktualitätshypothese wird zur Interpretationsmöglichkeit des Romantextes. Darin besteht die Filterwirkung des Romans für Verletzungen des Allgemeinen Persönlichkeitsrechts.

22. Auch der Roman trennt Wahrnehmung und Kommunikation, indem er von der Alltagsbedeutung der Anschauungsgegenstände absieht und die an ihre Stelle tretende Kunstbedeutung im Unklaren lässt. Zu diesen Unklarheiten gehört grundsätzlich auch die Realitätsreferenz der Erzählgegenstände. So führt die Trennung von Wahrnehmung und Kommunikation dazu, dass wir durch den Roman hindurch alles Mögliche auf die reale Realität beziehen können, aber nichts mit Sicherheit. Auch nicht Figuren auf Personen.

23. Der Roman zwingt nicht dazu, Figuren auf Personen zu beziehen. Dort, wo der Bezug als Interpretationsmöglichkeit wahrgenommen wird, wo also Figuren auf Personen bezogen werden, geschieht dies im Modus der Hypothese. Sämtliche Blicke, die das Kunstwerk auf die reale Realität werfen kann, passieren den Filter der Hypothetizität. Ob sich die Beobachtungen und Kommunikationen des Romans nun auf die reale Realität beziehen oder nicht, ob Figuren sich auf Personen beziehen oder nicht, sie passieren den Filter der Hypothetizität und verharren daher in der bloßen Möglichkeitsform.

24. Wegen der *normbereichsspezifischen Innenräumlichkeit* der Kunstfreiheit ist die Form der Beobachtung, die Romane auf Personen ermöglichen, mit einem Beobachtungsdämpfer versehen, der Figur und Person auf Distanz hält. Im Vergleich zur Personenbeobachtung faktualer Texte steht zwischen Figur und Person immer der Filter der Hypothetizität. Wegen der unüberbrückbaren Differenz zwischen Figur und Person im Medium Referenzialisierbarkeit ist Hypothetizität bei der Abwägung der in Konflikt stehenden Grundrechte zwingend mitzuverarbeiten. Die Ausarbeitung und Mitverarbeitung *normbereichsspezifischer Innenräumlichkeit* ergibt sich als Normanwendungsbefehl aus der Geschlossenheit geschlossener Grundrechte.

25. ***Wegen der normbereichsspezifischen Innenräumlichkeit der Kunstfreiheit aus Art. 5 Abs. 3 GG ist reine Romankommunikation aus sich heraus niemals stark genug, um ein Romanverbot zu rechtfertigen; der Verweis auf normbereichsspezifische Innenräumlichkeit gibt dem von der Faktualitätshypothese Betroffenen eine ausreichende Verteidigungsmöglichkeit.***

26. ***Erst wenn ein Verweis auf die* normbereichsspezifische Innenräumlichkeit *der Kunstfreiheit keine aussichtsreiche Verteidigungsmöglichkeit mehr bietet, um Figur und Person auf Distanz zu halten, kann ein Romanverbot gerechtfertigt sein; dazu muss autoritäre Kommunikation über den Roman zum Romantext hinzutreten. Die autoritäre Kommunikation muss dem Autor zurechenbar sein, um ein Romanverbot zu tragen.***

27. Der Text eines Romans hat aus sich heraus nicht die Kraft, so stark in den Schutzbereich des Allgemeinen Persönlichkeitsrechts gemäß Art. 2 GG einzugreifen, dass es den mit einem Romanverbot einhergehenden Eingriff in die Kunstfreiheit gemäß Art. 5 Abs. 3 GG aufwiegen könnte. Der Text ist umgeben von der nicht nur persönlichkeitsschädlichen, vielmehr auch persönlichkeitsschützenden Form der Hypothetizität.

28. Erst wenn der Autor diesen Schutzmantel zerstört, indem er kraft seiner autoritären Erklärungsmacht die durch den Text ermöglichte Faktualitätshypothese aufwirft, verstärkt oder bestätigt, verdient er den Schutz der Kunstfreiheit nicht mehr.

29. Bei Kommunikationskrisen im persönlichen Bekanntenkreis ist man weitgehend auf die eigene Verteidigungskraft angewiesen. Das BVerfG hält schon die Möglichkeit, in derartige Defensivpositionen zu rücken, für nicht hinnehmbar. Dagegen setzt das hier favorisierte Bewertungsmodell das Argument der Alltäglichkeit und Unvermeidbarkeit von Kommunikationskrisen.

30. Das Allgemeine Persönlichkeitsrecht ist de facto nicht in der Lage, den Einzelnen vor Kommunikationskrisen im Bekanntenkreis zu schützen. Abgesehen von den auch strafrechtlich relevanten Fällen existiert ein mit Mitteln des Rechts nicht zu bekämpfender Graubereich mikro-sozialer Individualkommunikation, die sich weder steuern, noch vermeiden lässt.

31. Liegt *Gefährlicher Stoff* vor, ist es autoritäre Kommunikation, welche die Kopplungen zwischen Figuren und Personen im Medium Referenzialisierbarkeit unverhältnismäßig fest werden lassen kann.

32. ***Der Künstler darf nicht auf die Kunstfreiheit vertrauen, wenn er ihre – Freiheit erst ermöglichenden – normbereichsspezifischen Innenräume abreißt.***

Literaturverzeichnis

Alexy, Robert: *Theorie der juristischen Argumentation,* 3. Aufl., Frankfurt am Main 1996.

Anders, Monika / Gehle, Burkhard: *Das Assessorexamen im Zivilrecht,* 10. Aufl., München 2010.

Arnauld, Andreas v.: *Strukturelle Fragen des allgemeinen Persönlichkeitsrechts – Überlegungen zu Schutzbereich und Schranken des grundrechtlichen Persönlichkeitsschutzes,* ZUM 1996, 286 ff.

Bäumlin, Richard: *Staat, Recht und Geschichte – Eine Studie zum Wesen des geschichtlichen Rechts, entwickelt an Grundproblemen von Verfassung und Verwaltung,* Zürich 1961.

Bateson, Gregory: *Ökologie des Geistes,* (1972) Frankfurt 1981.

Bazil, Vazrik / Piwinger, Manfred: *Autorität – Funktion und Wirkung in der Kommunikation,* in: Bentele, Günter/Piwinger, Manfred/Schönborn, Gregor (Hrsg.): Kommunikationsmanagement, Köln 2009, Art. 8.35.

Becker, Bernhard v.: *Fiktion und Wirklichkeit im Roman – Der Schlüsselprozess um das Buch „Esra“,* Würzburg 2006.

Berg, Wilfried: *Konkurrenzen schrankendivergierender Freiheitsrechte im Grundrechtsabschnitt des Grundgesetzes,* Berlin 1968.

Bergmann, Jörg R.: *Klatsch – Zur Sozialform der diskreten Indiskretion,* Berlin 1987.

Bettermann, Karl August: *Grenzen der Grundrechte,* Berlin 1968.

Biller, Maxim: *Esra,* Köln 2003.

Bismark, Hans: *Straßenkunst in Fußgängerzonen,* NJW 1985, 246 ff.

Burkhart, Dagmar: *Eine Geschichte der Ehre,* Darmstadt 2006.

Culler, Jonathan: *Literaturtheorie – Eine kurze Einführung,* Stuttgart 2002.

Dederer, Hans-Georg: *Die Garantie der Menschenwürde (Art. 1 Abs. 1 GG),* in: Jahrbuch des öffentlichen Rechts der Gegenwart, Bd. 57 (2009), S. 89 ff.

Degenhart, Christoph: *Das allgemeine Persönlichkeitsrecht, Art. 2 I i. V. mit Art. 1 Abs. 1 GG,* JuS 1992, 361 ff.

Dreier, Horst (Hrsg.): *Grundgesetz Kommentar,* Bd. I, 2. Aufl., Tübingen 2004.

Duttke, Gunnar: *Was bleibt noch übrig von der Wissenschaftsfreiheit?,* NJW 1998, 1615 ff.

Ehmann, Horst: *Informationsschutz und Informationsverkehr im Zivilrecht,* AcP 188 (1988), 230 ff.

–: *Zur Struktur des Allgemeinen Persönlichkeitsrechts,* JuS 1997, 193 ff.

Eichner, Christian / Mix, York-Gothart: *Ein Fehlurteil als Maßstab? Zu Maxim Billers Esra, Klaus Manns Mephisto und dem Problem der Kunstfreiheit in der Bundesrepublik Deutschland,* in: IASL 2007, 183 ff.

Enders, Christoph: *Die Menschenwürde in der Verfassungsordnung – Zur Dogmatik des Art. 1 GG,* Tübingen 1997.

Engisch, Karl: *Logische Studien zur Gesetzesanwendung,* Heidelberg 1960.

Erichsen, Hans-Uwe: *Allgemeine Handlungsfreiheit,* in: Isensee/Kirchhof (Hrsg.), Handbuch des Staatsrechts der Bundesrepublik Deutschland, Bd. VI, Heidelberg 1989.

Fechner, Frank: *Medienrecht, 13. Aufl.,* Tübingen 2012.

Foucault, Michel: *Andere Räume,* in: Wentz, Martin (Hrsg.), Stadt-Räume, Frankfurt am Main 1991, S. 65 ff.

Frenz, Walter: *Menschenwürde und Persönlichkeitsrecht versus Opferschutz und Fahndungserfolg,* NVwZ 2007, 631 ff.

Frowein, Jochen: *Versammlungsfreiheit und Versammlungsrecht,* NJW 1969, 1081 ff.

Gabriel, Gottfried: *Fiktion und Wahrheit. Eine semantische Theorie der Literatur,* Stuttgart 1975.

Gastomzyk, Tobias: *Wahrheit, keine Dichtung – Die Esra-Entscheidung des BVerfG,* NJW 2008, 737 ff.

Geddert-Steinacher, Tatjana: *Menschenwürde als Verfassungsbegriff: Aspekte der Rechtsprechung des Bundesverfassungsgerichts zu Art. 1 Abs. 1 Grundgesetz,* Berlin 1990.

Geis, Max-Emanuel: *Der Kernbereich des Persönlichkeitsrechts,* JZ 1991, 112 ff.

Genette, Gérard: *Fiktion und Diktion,* München 1992.

Gounalakis, Georgios: *Embryonenforschung und Menschenwürde,* Baden-Baden 2006.

Gounalakis, Georgios / Helwig, Richard, *ACTA und die Meinungsfreiheit,* K&R 2012, 233 ff.

Grabitz, Eberhard: *Die Freiheit der Person,* in: Isensee/Kirchhof (Hrsg.), Handbuch des Staatsrechts der Bundesrepublik Deutschland, Band VI, 1. Aufl., Heidelberg 1989, § 130, S. 109 ff.

Gröschner, Rolf: *Menschenwürde und Sepulkrakultur in der grundgesetzlichen Ordnung – die kulturstaatlichen Grenzen der Privatisierung im Bestattungsrecht,* Stuttgart 1995.

Habermas, Jürgen: *Faktizität und Geltung,* Frankfurt am Main 1992.

Hahn, Richard: *Persönlichkeitsrecht und Buch,* ZUM 2008, 97 ff.

Hassemer, Winfried: *Juristische Hermeneutik,* ARSP 72 (1986), 195 ff.

Henschel, Johann Friedrich: *Die Kunstfreiheit in der Rechtsprechung des BVerfG,* NJW 1990, 1937 ff.

Hesse, Konrad: *Grundzüge des Verfassungsrechts der Bundesrepublik Deutschland,* Heidelberg 1999.

Höllein, Hans-Joachim: *Das Verbot rechtsextremistischer Veranstaltungen,* NVwZ 1994, 635 ff.

Hufen, Friedhelm: *Zur rechtlichen Regelung der Straßenkunst – kommunikativer Gemeingebrauch oder Verbot mit Erlaubnisvorbehalt?,* DÖV 1983, 353 ff.

Jahraus, Oliver: *Literaturtheorie,* Tübingen 2004.

Jannidis, Fotis: *Figur und Person – Beitrag zu einer historischen Narratologie,* Berlin 2004.

Jarass, Hans D.: *Das allgemeine Persönlichkeitsrecht im Grundgesetz,* NJW 1989, 857 ff.

Jarass, Hans D. /Pieroth, Bodo: *Grundgesetz für die Bundesrepublik Deutschland – Kommentar,* 11. Aufl., München 2011.

Jung, Arlena: *Identität und Differenz – Sinnprobleme der differenzlogischen Systemtheorie,* Bielefeld 2009.

Kelsen, Hans: *Reine Rechtslehre,* 2. Auflage 1960, Nachdruck Wien 2009.

Kern, Bernd-Rüdiger: *Unerlaubte Diagnostik – Das Recht auf Nichtwissen,* in: *Dierks/Wienke/Eberbach/Schmidtke/Lippert* (Hrsg), Genetische Untersuchungen und Persönlichkeitsrecht – Schriftenreihe Medizinrecht,2003, S. 55 ff.

Knies, Wolfgang: *Schranken der Kunstfreiheit als verfassungsrechtliches Problem,* München 1967.

Koppernock, Martin: *Das Grundrecht auf bioethische Selbstbestimmung,* Baden-Baden 1997.

Krawietz, Werner: *Gewährt Art. 1 Abs. 1 GG dem Menschen einen Anspruch auf Achtung und Schutz seiner Würde?,* in: Gedächtnisschrift für Friedrich Klein, 1977, S. 245 ff.

Ladeur, Karl-Heinz / Gastomzyk, Tobias: *Ein Roman ist ein Roman ist ein Roman – Zu den gerichtlichen Auseinandersetzungen um die autobiografischen Werke von Maxim Biller, Alban Nikolai Herbst und Birgit Kempker und der Notwendigkeit einer Rekonstruktion der Kunstfreiheit,* ZUM 2004, 426 ff.

Lerche, Peter: *Übermaß und Verfassungsrecht – Zur Bindung des Gesetzgebers an die Grundsätze der Verhältnismäßigkeit und der Erforderlichkeit,* Köln/Berlin/München/Bonn 1961.

–: *Schranken der Kunstfreiheit – Insbesondere zu offenen Fragen der Mephisto-Entscheidung –,* BayVBl. 74, 177 ff.

Link, Christoph: *Stat Crux?,* NJW 1995, 3353 ff.

Löw, Konrad: *Ist die Würde des Menschen im Grundgesetz eine Anspruchsgrundlage?,* DÖV 1958, 516 ff.
Lorenz, Dieter: *Recht auf Leben und körperliche Unversehrtheit,* in: Isensee/ Kirchhof (Hrsg.), Handbuch des Staatsrechts der Bundesrepublik Deutschland, Band VI, 1. Aufl., Heidelberg 1989, § 128, S. 3 ff.
Luhmann, Niklas: *Das Recht der Gesellschaft,* (1993) Frankfurt am Main 2002.
–: *Die Kunst der Gesellschaft,* (1995) Frankfurt am Main 1997.
–: Schriften zu Kunst und Literatur, Frankfurt am Main 2008.
–: Soziale Systeme – Grundriss einer allgemeinen Theorie, (1984) Frankfurt am Main 2002.
Mangoldt, Hermann von / Klein, Friedrich / Starck, Christian: Kommentar zum Grundgesetz, 6. Aufl., München 2010.
Martinez, Matias / Scheffel, Michael: *Einführung in die Erzähltheorie,* 8. Aufl., München 2009.
Maunz, Theodor: *Kunstfreiheit und Kunstpflege,* BayVBl. 1970, 354 ff.
Maunz, Theodor / Dürig, Günter: *Grundgesetz Kommentar,* 64. Ergänzungslieferung, München 2012.
Mießner, Sandra: *Providerhaftung, Störerhaftung und Internetauktion,* Frankfurt am Main 2008.
Misera-Lang, Kathrin: *Dogmatische Grundlagen der Einschränkbarkeit vorbehaltloser Freiheitsgrundrechte,* Frankfurt am Main 1999.
Müller, Friedrich: *Die Positivität der Grundrechte: Fragen einer praktischen Grundrechtsdogmatik,* 2. Aufl., Berlin 1990.
–: Die Einheit der Verfassung, Berlin 1979.
–: *Freiheit der Kunst als Problem der Grundrechtsdogmatik,* Berlin 1969.
–: *Normstruktur und Normativität – Zum Verhältnis von Recht und Wirklichkeit in der juristischen Hermeneutik, entwickelt an Fragen der Verfassungsinterpretation,* Berlin 1966.
–: *Strafrecht, Jugendschutz und Freiheit der Kunst. Fragen der Begrenzung vorbehaltlos verbürgter Grundrechte,* JZ 1970, 87 ff.
Müller, Friedrich / Christensen, Ralph: *Juristische Methodik,* Band I, 9. Aufl., Berlin 2004.
Neumeyer, Jochen: *Die „Esra"-Entscheidung des BVerfG und ihre Konsequenzen,* AfP 2007, 509 ff.
Nipperdey, Hans Carl: *Freie Entfaltung der Persönlichkeit,* in: Bettermann/ Nipperdey (Hrsg.), Die Grundrechte, Bd. IV/2, Berlin 1962, S. 741 ff.
Pieroth, Bodo / Schlink, Bernhard: *Grundrechte, Staatsrecht II,* 27. Aufl., Heidelberg 2011.
Prinz, Matthias / Peters, Butz: *Medienrecht – Die zivilrechtlichen Ansprüche,* München 1999.

Raue, Peter: *Kunstfreiheit, Persönlichkeitsrecht und das Gebot der praktischen Konkordanz,* AfP 2009, 1 ff.

Rebmann, Kurt: *Der Einsatz verdeckt ermittelnder Polizeibeamter im Bereich der Strafverfolgung,* NJW 1985, 1 ff.

Riedel, Mareike: *Vermutung des Künstlerischen: Der Esra-Beschluss des Bundesverfassungsgerichts – eine rechts- und literaturwissenschaftliche Untersuchung,* Tübingen 2011.

Ridder, Helmut: *Freiheit der Kunst nach dem GG,* Berlin 1963.

Rüfner, Wolfgang: *Grundrechtskonflikte,* in: Starck, Christian (Hrsg.), Bundesverfassungsgericht und Grundgesetz – Festgabe aus Anlaß des 25jährigen Bestehens des BVerfG, Band II, Tübingen 1976, S. 453 ff.

Ropertz, *Freiheit der Kunst nach dem GG,* Heidelberg 1963.

Roth, Wolfgang: *Faktische Eingriffe in Freiheit und Eigentum,* Berlin 1994.

Saussure, Ferdinand de: *Grundfragen der allgemeinen Sprachwissenschaft,* 2. Aufl., Berlin 1967.

Schricker, Gerhard / Loewenheim, Ulrich: *Urheberrecht Kommentar,* 4. Aufl., München 2010.

Schroer, Markus: *Räume, Orte, Grenzen – Auf dem Weg zu einer Soziologie des Raumes,* Frankfurt am Main 2006.

Schwabe, Jürgen: *Probleme der Grundrechtsdogmatik,* Darmstadt 1977.

Schmidt, Walter: *Wissenschaftsfreiheit als Berufsfreiheit,* NJW 1973, 585 ff.

Seiffert, Helmut: *Einführung in die Wissenschaftstheorie,* Band 1, 13. Aufl., München 2003.

Starck, Christian / Berg, Wilfried / Pieroth, Bodo: *Der Rechtsstaat und die Aufarbeitung der vor-rechtsstaatlichen Vergangenheit,* VVDStRL 51 (1992), 9 ff.

Steinhauer, Fabian: *Regel und Fiktion – Zur normativen Kraft des Kontrafaktischen,* Wuppertal 2001.

Vaihinger, Hans: *Die Philosophie des Als-Ob – System der theoretischen, praktischen und religiösen Fiktionen der Menschheit,* Halle 1911, Neuherausgabe von Esther von Krosigk, Saarbrücken 2007.

Vosgerau, Ulrich: *Das allgemeine Persönlichkeitsrecht als Universalschranke der Kunstfreiheit: Ein Irrweg der Rechtsprechung,* Der Staat 48 (2009), 147 ff.

Wendt, Rudolf: *Der Garantiegehalt der Grundrechte und das Übermaßverbot,* AöR 104 (1979), 414 ff.

Wittgenstein, Ludwig: *tractatus logico-philosophicus,* (1922) Frankfurt am Main 1997.

Wittreck, Fabian: *Esra, Mephisto und Salomo,* Jura 2009, 128 ff.

–: *Persönlichkeitsbild und Kunstfreiheit,* AfP 2009, 6 ff.

Zeitler, Franz-Christoph: *Immanente Grundrechtsschranken oder Normenkonkordanz?,* BayVBl. 1971, 417 ff.

Schriften zum Medien-, Urheber- und Wirtschaftsrecht

Herausgegeben von Prof. Dr. Georgios Gounalakis

Band 1 Thomas Lang: Immaterialgüterrechtliche Lizenzierung und kartellrechtliche Verhaltenskontrolle. Eine Untersuchung der Reichweite gemeinschaftskartellrechtlicher Eingriffsbefugnisse in Immaterialgüterrechtspositionen vor dem Hintergrund der schutzrechtsspezifischen wettbewerblichen Ausschließlichkeit. 2009.

Band 2 Anna-Karina Bonacker: Der Widerruf von Fernabsatzverträgen am Beispiel der Internetauktion eBay. 2009.

Band 3 Rainer Jürgen Scharf: Der unbefristete Widerruf internetbasierter Verträge. Zugleich ein Beitrag zur Dogmatik des § 355 BGB. 2009.

Band 4 Sebastian Gorski: Effizienz, Wahlfreiheit und Gleichbehandlung? Eine Untersuchung der Einführung von Wettbewerb zwischen musikalischen Verwertungsgesellschaften durch die Europäische Kommission. 2009.

Band 5 Daniel Walter: Die rechtliche Behandlung der Erbringung unbestellter Leistungen nach § 241a BGB. 2009.

Band 6 Richard Helwig: Die Kompetenz der Europäischen Gemeinschaft zur Schaffung eines europäischen Medienkonzentrationsrechts. Notwendigkeit, Voraussetzungen und Reichweite einer möglichen Regulierung zur Sicherung von Medien- und Meinungsvielfalt in Europa. 2009.

Band 7 Bettina Yunis: Alternative Streitbeilegung über elektronische Datennetze. 2011.

Band 8 Andreas Walter: Störerhaftung bei Handeln Dritter. 2011.

Band 9 Andreas Zenner: Die zivilrechtliche Verantwortlichkeit des Abschlussprüfers für den Bestätigungsvermerk. 2011.

Band 10 Kristine Wagner: Die Privatkopie als urheberrechtliche Schrankenregelung. 2011.

Band 11 Ina Lutz: Testierfreiheit und Pflichtteilsrecht im spanischen *Código Civil* im Vergleich mit dem deutschen Bürgerlichen Gesetzbuch. Unter besonderer Berücksichtigung von Immobilienerbschaften. 2011.

Band 12 Heiko Drebes: „Datenschutz“ für Unternehmen im B2B? Schutz der Daten des geschäftlichen E-Business im Spannungsfeld zwischen technisch-organisatorischer und rechtlicher Regulierung. 2012.

Band 13 Heiko Zimmer: Zugriff auf Internetzugangsdaten. Unter besonderer Berücksichtigung der Verhältnismäßigkeit einer verdachtsunabhängigen Vorratsdatenspeicherung. Eine Interessenabwägung zwischen Datenschutz, Strafverfolgung und Urheberrecht im Internet. 2012.

Band 14 Ricarda Leffler: Der strafrechtliche Schutz des Rechts am eigenen Bild vor dem neuen Phänomen des Cyber-Bullying. Eine Untersuchung der Normanwendungs- und Auslegungsprobleme der strafrechtlichen Bildnisschutzvorschriften bei deren Verletzung im Rahmen von Internetdelikten. 2012.

Band 15 Nadine Kristin Keil: Verdachtsberichterstattung. Medienberichterstattung über Straftatverdächtige. 2013.

Band 16 Alexandra Sommerhoff: Meinungsvielfalt und Medienkonvergenz. Die Sicherung der Meinungsvielfalt in Deutschland und Großbritannien. 2013.

Band 17 Christoph Wege: Roman und Persönlichkeitsrecht. Ein partikulardogmatischer Entwurf. 2013.

www.peterlang.de

www.ingramcontent.com/pod-product-compliance
Ingram Content Group UK Ltd.
Pitfield, Milton Keynes, MK11 3LW, UK
UKHW021856290926
8980IPUK00005B/866

9 783631 641903